钱包分配法则

只有1%的人知道的营销秘诀

THE WALLET ALLOCATION RULE

Winning the Battle for Share

蒂莫西·凯宁汉姆（Timothy Keiningham） 莱尔赞·阿克索伊（Lerzan Aksoy）
卢克·威廉姆斯（Luke Williams） 亚历山大·博耶（Alexander Buoye） ◎著

诸葛雯◎译

中国人民大学出版社
·北 京·

图书在版编目（CIP）数据

钱包分配法则/蒂莫西·凯宁汉姆等著；诸葛雯译．—北京：中国人民大学出版社，2017.9

ISBN 978-7-300-24688-8

Ⅰ.①钱… Ⅱ.①蒂… ②诸… Ⅲ.①企业管理—销售管理 Ⅳ.①274

中国版本图书馆 CIP 数据核字（2017）第 173141 号

钱包分配法则

——只有1%的人知道的营销秘诀

蒂莫西·凯宁汉姆
莱尔赞·阿克索伊
卢克·威廉姆斯
亚历山大·博耶 著

诸葛雯 译

Qianbao Fenpei Faze

出版发行	中国人民大学出版社		
社　　址	北京中关村大街 31 号	**邮政编码**	100080
电　　话	010－62511242（总编室）		010－62511770（质管部）
	010－82501766（邮购部）		010－62514148（门市部）
	010－62515195（发行公司）		010－62515275（盗版举报）
网　　址	http://www.crup.com.cn		
	http://www.ttrnet.com（人大教研网）		
经　　销	新华书店		
印　　刷	北京联兴盛业印刷股份有限公司		
规　　格	148mm×210mm　32 开本	**版　　次**	2017 年 9 月第 1 版
印　　张	7 插页 2	**印　　次**	2017 年 9 月第 1 次印刷
字　　数	130 000	**定　　价**	49.00 元

序

THE WALLET ALLOCATION RULE

毫不夸张地说，有个问题曾经真正撼动了我们的内心。在追寻答案的历程中，撰写本书的冲动油然而生。尽心竭力地协助各类公司提高顾客忠诚度，从而在竞争之中脱颖而出，是我们的工作。然而，一路走来，我们却不断发现，自己所了解的有关忠诚度的信息多有谬误。

我们逐一揭开了覆在段段神话之上的面纱，试图消除误解，以正视听。我们合著出版了若干书籍（《忠诚揭秘》（*Loyalty Myths*）、《质量回报》（*Return on Quality*）、《客户惊喜法则》（*The Customer Delight Principle*），以及《为何忠诚度如此重要》（*Why Loyalty Matters*）），并撰写了不少获奖论文。商界人士能从我们的洞见中获益，避开我们所发现的陷阱。

然而，仍有一个问题叫人百思不得其解：我们用以衡量客户体验（如满意度与净推荐值）的方式与客户所使用的品牌在其支出类别中所占份额之间的关联性极弱。甚至可以说，这些指标在管理层面上无足轻重。

我们曾对与客户满意度及忠诚度有关的一切深信不疑，但是这一问题对此提出了质疑。具体来说，根据我们的预期，客户若是对某品牌更满意、更忠诚，便会花更多的钱购买该品牌的产品。我们之所以会理所当然地将努力提高客户满意度和忠诚度视作上佳的商业决策，主要就是因为心中存有这种预期。

可事实却极为残酷。通常，只有1%左右的支出类别份额（share of category spending）会受满意度（或净推荐值）的影响。若对此了然于胸，便不会有哪位精明的经理会根据这1%的模型拟合来分配公司的稀缺资源。

事实上，我们每次在请经理们为提升业绩而专注于改善客户体验时，实质上就是在让他们重复这种错误。为证明此类努力卓有成效，经理们常常能见到一些模型。可叹的是，尽管这些模型个个号称具有更高的拟合度，但它们的基础往往都是极其糟糕的统计数据。

最终，企业在花了大气力改善客户体验之后，却未能见到任何实质性的回报。经理们因此对用该类指标指导企业决策的做法产生质疑，实在是情理之中。

鉴于问题的严重性，我们不得不开始思索是否存在更佳的应对之道。我们展开了一项深入的调查，试图揭示满意度及其他常用指标与客户支出份额间不甚相关的缘由。

调查的结果便是钱包分配法则。经理可以凭借这一简单的公式来确定客户分配给自家品牌的钱包份额。

《哈佛商业评论》曾对钱包分配法则进行过介绍，这一成果荣获了新生代颠覆性创新奖（the Next Gen Disruptive Innovation Award），也经受住了科学研究的严苛考验。此外，本书所概述的众多策略与战术也登上过麻省理工学院的《斯隆管理评论》。

我们希望能够通过撰写本书，向企业提供一个经过验证、切实可行的工具，使其在提高客户满意度与忠诚度上的付出有所回报。我们坚信，若能将钱包分配法则付诸实践，企业必能在客户与股东的面前脱颖而出。

前　言

THE WALLET ALLOCATION RULE

公司的客户满意度或净推荐值水平与客户分配给该品牌的支出份额间是否存在紧密的联系？我们觉得几乎所有公司的经理都会异口同声地回答“是！”

可遗憾的是，几乎没有人能举出任何实证来支持自己的观点。经理惯用的旨在衡量客户对品牌看法的传统指标与客户钱包份额之间的关联性极弱。这一问题十分严重。

对多数公司而言，提高满意度和忠诚度后所能获得的最大财务机会便是促使客户将更大的支出份额分配给该品牌——这远超提高留购率与推荐率所能产生的影响。若无法在满意度与客户支出份额间建立起联系，经理就无法决定如何才能提高客户的购买行为。因此，改善客户体验所获的回报通常微不足道，有时甚至是负回报。

尽管大量书籍、论文与演讲强调了客户体验在业务成功中的重要性（并提出了一系列旨在引领经理走向成功的指标），但是迄今为止，尚无任何简单易用的系统能够帮助经理衡量那些与客户的消费行为存在有效关联的业绩表现。因此，所谓的成功的“证据”往往只是坊间捕风捉影的传言，很难在其他公司身上得以重现。

本书填补了这一空白。它提供了一种经过严格测试的新方法——钱包分配法则。事实证明，该法则能在客户满意度及其他常用指标与钱包份额间建立起联系。

钱包分配法则一经提出立刻成为意义深远的思想领袖，并得到《哈佛商业评论》的褒奖，引领迷失在困境中的管理者寻回通往商业成功根基的路径。本书所详述的实用原则将为经理们提供一种能够用在刀刃上——抓住客户钱包——的工具。

亨利·沃勒德

益普索集团副总裁，益普索满意度与忠诚度研究所董事长

拉尔夫·甘森穆勒

益普索满意度与忠诚度研究所首席执行官

目　录

THE WALLET ALLOCATION RULE

第一章

天啊，你的营销都做错了

第二章

好了，发现钱包分配法则

第五章

真正重要的新指标

第六章

坚持两大规则就能美梦成真

附录 A

快速入门指南

附录 B
常见问题

第一章

天啊，你的营销都做错了

THE WALLET ALLOCATION RULE

Winning the battle for Share

一家西班牙电信公司的首席执行官说："营销通常只是站在营销（自身）的角度，如客户满意度和品牌价值，来衡量投资回报（ROI）。尽管支出和这些投资所带来的毛利之间的关系与投资回报最为相关，但它们却不在营销考虑的范围之内……品牌价值，老天，那到底是什么玩意儿？大部分股东才不关心这东西呢。"

一位澳大利亚零售商说："市场部眼中的客户与我们的总体战略之间是脱节的。"

一家德国金融机构的首席执行官说："简单地讲，营销人员总游离在企业的财务现实之外。"

一家美国专业服务公司的首席执行官说："营销人员在做决定时完全是跟着感觉走。他们根本就没有做过可靠的投资回报分析。"

在全球范围内，首席营销官（CMO）已经失去了首席执行官（CEO）的信任。我们的研究就证实了这一点，而研究的结果发人深省。多数 CEO 都无法说服自己，自己公司的营销与整体战略息息相关。

这可是一个重要的问题。营销的目的就是将客户的心声传递给公司。客户是公司赖以生存的唯一因素，而营销的职责就是监测客户体验。事实上，90%的 CMO 要亲自背负起管理公司整体客户体验的责任。

很不幸，对许多企业领导来说——借用一家意大利电信公司 CEO 的话——现在，营销“这项职能已不再是我每天需要处理的最重要的事了”。这还不是最糟糕的！CEO 们还常常把营销看成是烧钱的行当。一位美国零售企业的 CEO 曾说过：“市场部提出的点子倒是不错，可他们完全不懂如何衡量这些提案对真正关乎企业命脉的事所产生的影响……这让我怎么给他们的预算拨款？把钱砸进水里还能听个响呢。别的部门都能提交给我一份投资回报分析，清清楚楚地说明我花出去的每一分钱都能带来什么收益。”

对营销持批评态度的人也许根本不觉得这有什么问题，可以肯定的是，这类批评者不在少数。营销是一门负责管理公司声誉的科学。然而，具有讽刺意味的是，它在消费者与业内人士间的口碑极差。营销只给 10%的人留下了正面印象。相比之下，对其持负面评价的人却高达 62%。此外，批评者们可以理所当然地指出，尽管如此，公司却依然屹立不倒；而且，根据公司的定义，它必然能够坐拥客户。因此，即便不假营销之手，公司依旧不会倒闭。CEO 们已经割裂了其与营销部门间的战略联系，这又有什么大不了的呢？

现代管理学之父彼得·德鲁克（Peter Drucker）的话为我们

提供了最好的理由：

> 企业目标的有效定义只有一个：招揽客户……正因为企业的目的是招揽客户，所以任何企业都具备两项——仅此两项——基本职能：营销与创新。两者均为企业家职能。营销是企业独有的特色职能。一个机构若是缺少了营销部门或是将其摆在了次要位置，便无法称之为企业，即使它认为自己是企业也无法以企业的运行方式加以经营。

营销的失败最终将反映到客户体验上。事实上，这种影响已然出现。鉴于眼下 CEO 与 CMO 之间的联系已不复存在，高管与客户看待公司的方式也随之出现了分歧，这也就在情理之中了。毕竟，营销部门的职责是为 CEO 留住客户的心。然而，他们的见解相去甚远，令人讶异。刊登在《哈佛管理前沿》上的一篇研究性文章发现，80％的公司高管认为公司提供了“卓越的”客户体验，而只有 8％的客户认可这种说法。特姆金集团（Temkin Group）的报告《2014 年客户体验管理现状》证实了这一点。根据报告，只有 10％的企业以客户为中心。

当然，只有当 CEO 开始从客户的角度看待公司时，才有可能为客户做出积极的改变。如果你觉得自己的表现已十分优异，就根本没有必要做出改变。

人们很容易责怪 CEO 目光短浅。但令人遗憾的是，CEO 对营销部门的抱怨非常合理。营销人员未能有效地将自身所做的努力转化为切实的业务成效。平心而论，CEO 并不是动力不足或是未做努力。这里的问题贻害更深。人们预想中的链接往往并不存在——而且从未存在过！CMO 用以证明其在改善客户体验上做出了正确投资的基本假设都是错误的。

增长如此之难

每家上市公司的 CEO 都执着于实现两个目标：获取利润和实现增长。利润能够上榜的理由显而易见：利润决定了公司的生存能力。

然而，公司真正的命脉却是增长。可以说，增长是衡量一家企业能否获得长期成功的最重要的标尺。增长为股东创造了经济价值。因此，增长是所有上市公司 CEO 的共同目标，也是董事会对其进行绩效评估时的一个最重要的指标。

遗憾的是，增长这一目标极难实现。《哈佛商业评论》上的一篇文章在对 4 793 家上市公司进行调查后发现，只有不足 5%的公司能够连续五年实现每年至少 5%的净利润增长。此外，一旦增长出现停滞，边际增长率恢复至原有水平的概率也很低。因此，尽管增长势在必行，但多数公司的惨淡结局证明，破解增长的密码绝非易事。

市场份额到底受何影响

如果将目标设定为扩大市场份额，就首先需要理解哪些因素能够真正影响市场份额。奇怪的是，尽管每家上市公司的 CEO 几乎都将增长视作自己的目标，清楚市场份额主要构成的经理却寥寥无几。几乎所有经理都用下列公式来计算市场份额：

$$\text{市场份额}=\frac{\text{销售收入}}{\text{市场总收入}}$$

换句话说，他们只是简单地将公司或品牌的销售额除以该类别产品的总销售额。

令人欣慰的是，从技术的角度来说，这么做并没有错。然而，糟糕的是此举无法为增加市场份额提供任何可行的战略指导。经理们只有在弄清了影响公司市场份额的三个独特因素之后，才能做出相应的指导：

（1）渗透率：指的是某一行业类别内，至少在某一特定时段内使用过一次某公司产品的客户所占的比例。计算公式如下：

$$\text{某品牌的渗透率}=\frac{\text{购买某品牌的客户数量}}{\text{购买该类别任何产品的客户数量}}$$

（2）使用率：相对行业类别内的所有客户，某公司客户使用该类别产品的程度。计算公式如下：

$$\text{重度使用指数}=\frac{\text{某品牌客户在该类别内的平均购买总量（数量，金额）}}{\text{该类别所有客户在该类别内的平均购买总量（数量，金额）}}$$

（3）钱包份额：客户用于购买某公司产品的支出在其购买所有该类别产品的支出中所占的比例。计算公式如下：

$$\text{钱包份额}=\frac{\text{某品牌购买量（数量，金额）}}{\text{某品牌客户在该类别内的购买总量（数量，金额）}}$$

这样一来，市场份额的计算公式就变成了：

$$\text{市场份额}=\text{渗透率}\times\text{重度使用指数}\times\text{钱包份额}$$

如果将市场份额视作一个由这些因素构成的函数，就能得到三种截然不同的增长策略。

渗透率策略的重心是获取新客户。这就意味着要说服潜在客户使用公司的品牌并不断拓展新市场。毫无疑问，企业如果想要获得成功，获取新客户就显得至关重要。然而，随着市场的逐渐饱和，开发新的潜在客户变得日益困难。事实上，发达国家出现了需求减少、竞争加剧的现象，一些声望颇高的品牌为寻求增长不得不转战发展中国家。

使用率策略关注的则是增加品牌消费者在该类别产品上的消费总额。换句话说，如果较之竞争对手，某品牌能令自己的客户购买更多的该类产品，公司的市场份额便会增加。这一策略如若能够实现，倒也不失为一则妙计。例如，我们了解到，有家马桶清洁剂公司想通过提高产品的使用率来扩大市场份额。但遗憾的是，说服消费者更为频繁地清洗马桶这种想法并不现实。该公司增大了清洁剂容器喷嘴的开口尺寸。结果，因为增加了每次按压后喷出的清洁剂的量，其消耗速度就相应加快，从而提高了客户购买产品的频率。

然而，就多数类别的产品而言，想要让客户掏钱购买更多的产品绝非易事。购买行为往往由需求所驱动。例如，我们不会因为收入增长就购买更多的牙膏

钱包份额策略则是要增加客户用以购买某一品牌的支出占其在该类别产品总支出中的比例。扩大现有客户在公司产品上的支出比例（即钱包份额）总比获取新客户来得容易，性价比也更高。这是因为，在现今多数类别的产品中，消费者往往不会只对某一公司或品牌情有独钟，他们会选择多家公司或多个品牌的产品。

这就意味着更多的客户会改变自己的消费模式，而非完全抛弃某家公司的产品。因此，与单纯地试图最大化客户保有率相比，对客户消费模式进行管理能够获得成功的机会往往要多得多。例如，德勤开展的一项研究发现，平均而言，酒店忠诚客户每年花在酒店上的支出中有近五成并未流入其首选品牌的囊中。此外，麦肯锡的研究也发现，钱包份额流失所造成的损失通常会超过客户流失带来

的损失。例如，每年平均有5%的银行客户会注销其活期存款账户，这些客户的流失会使银行存款总额减少3%。相比之下，35%的客户每年会减少其存款额，银行会因此损失24%的存款总额。此外，在麦肯锡所调查的所有16个行业中均出现了相同的结果。

尽管经理们需要考虑如何才能将市场份额的所有构成要素融入公司的总体发展战略，但客户体验对钱包份额的影响却最为直接。毕竟，钱包份额可以说是衡量客户忠诚度的最重要的因素——事实上，商业顾问托马斯·琼斯与声名远播的哈佛教授W. 厄尔·萨瑟在其发表于《哈佛商业评论》上的论文中断言，钱包份额是“忠诚度的终极衡量方式”。显然，忠诚度会随着积极客户体验的不断积累而逐渐建立。

因此，CEO与CMO都将客户忠诚度当成了重中之重。70%的CMO将客户忠诚度列为公司的三大优先发展战略之一——93%的人将其列入了公司发展的前五大战略。同样，CEO始终将客户关系视为最大的挑战——事实上，最近一项针对CEO的全球调查发现，这一挑战的难度仅次于聘请到顶级员工。

为了实现这一目标，全球企业均采取了以提高客户分配给自家品牌的业务份额为明确目标的全面客户体验管理计划。事实上，65%的公司聘请了高级主管来负责提高客户体验。为了助这些公司一臂之力，一个旨在优化客户与公司所有接触体验的行业应运而生。因此，公司每年会花费数十亿美元来改善客户体验。

为了确保这些努力能对客户忠诚度产生积极影响，多数CMO会对客户满意度与推荐意向进行测量与管理（见图1—1）。事实上，营销高管往往会将客户满意度视为第一要务。这是为何呢？因为经理们相信，花钱改善客户体验会带来连锁效应：客户体验→客户满意度→钱包份额。

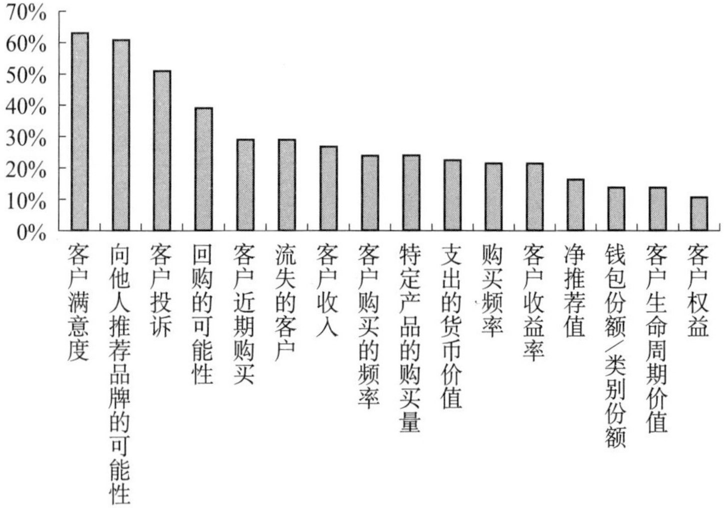

图1—1　CEO所追踪的客户忠诚度指标

遗憾的是，事实并非如此。尽管他们的目标令人敬佩，而且将重点放在客户体验上的做法也势在必行，但经理们无法通过自身的努力来改善其用以跟踪业务增长的客户忠诚度指标。加大在客户体验上的投入往往并不能使客户觉得更加愉悦。也许对于经理来说极为关键的一点是，满意度的提高很少能带来市场份额的增加。

为了找出原因，我们深入调查了满意度与业务成效之间的关系。我们与哈佛商学院的苏尼尔·古普塔教授共同开展了研究，发现有两个关键问题会对客户满意度转化为积极业务成果的过程产生强烈的负面影响。此外，其他常用指标，如推荐意向与净推荐值也存在同样的问题。这两个问题可以总结如下：

（1）满意度 ≠ 市场份额

（2）满意度 ≠ 钱包份额

鉴于这些研究结果可能会影响公司的财务表现，它们应该也会影响所有公司的客户体验战略。

可靠指标不过是个传说

在讨论这两个最为常见的问题之前，经理们必须首先清楚，不论贵公司追踪的是满意度、推荐意向、净推荐值，还是其他由调查所衍生的常用客户测量标尺，就其与增长之间的关系而言，这些标尺间的差别都不足以对管理产生影响。这一点至关重要。因为这些指标实际上测量的都是同一种基础概念——具体而言，就是客户对品牌的积极情感的程度。因此，一种测量标准与增长之间的关联性明显强于另一种的说法，被同行评审的大规模科学研究证明是谬误。

我们的研究极其清楚明确地证实了“我的测量标准最棒”

这一观点的错误性。我们调查了常被宣传为“能够体现公司增长能力的最可靠的单一指标”——净推荐值。为了检验事实是否确实如此，我们选择了对曾用以支撑该种说法的同一组数据进行测试。具体来说，我们复制了净推荐值的创建者弗雷德·赖克哈尔德在《终极问题》（*The Ultimate Question*）一书中所使用的图表。他曾用这些图表来证明净推荐值与增长之间的关联性。因为书中所列的行业均经过了专门挑选，它们理应成为证明净推荐值与增长相互关联的最佳范例。

毫无疑问，图表展现出了净推荐值与业务增长之间的密切联系，令人印象深刻。但是它真的优于其他指标吗？为了找到答案，我们利用图表中的数据将净推荐值水平与客户满意度，尤其是美国客户满意度指数（ACSI）进行了比较。赖克哈尔德声称，他们测试了美国客户满意度指数并发现其与增长之间的相关度为 0.00。(零相关意味着它与增长之间绝不存在任何形式的关联。）因此，我们的测试应该能够发挥出净推荐值的全部优势。

然而，调查结果证明，所谓净推荐值更为优越的断言是错误的。图 1—2 的左侧一列展示的是《终极问题》中所列的净推荐值图表。我们仅仅在右侧的图中将同一时期的净推荐值换成了 ACSI。出人意料的是，ACSI 的表现更为优越，尽管这些图表原本是净推荐值与增长紧密相关的最佳例证。

净推荐值

三年内的出货增长状况

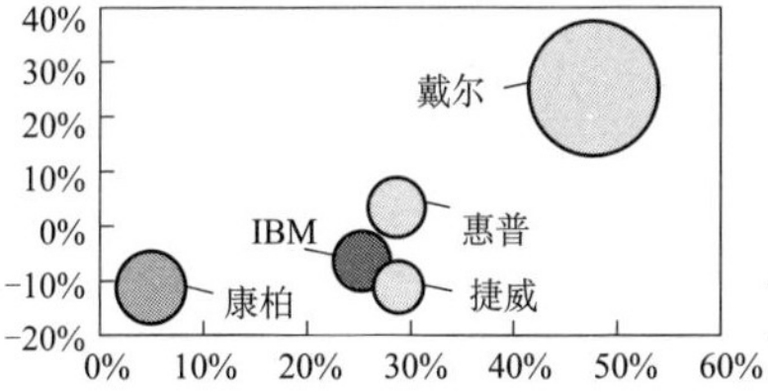

2001年第一季度至2002年第四季度的净推荐值

R^2：0.68

R^2（进行美国客户满意度指数计算的公司*）：0.70

美国客户满意度指数

三年内的出货增长状况

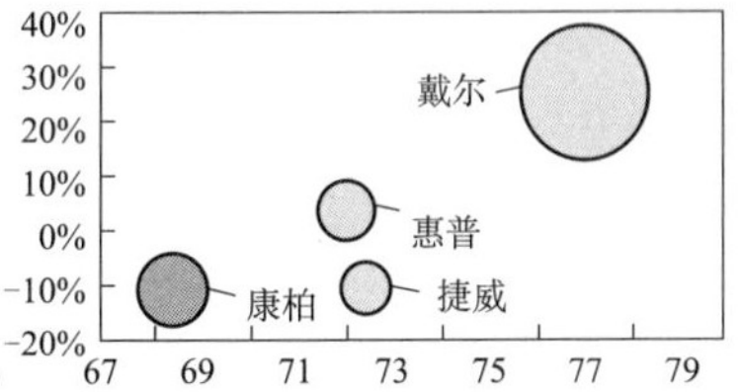

2001—2002年的美国客户满意度指数

R^2（进行美国客户满意度指数计算的公司*）：0.76

*美国客户满意度指数未计算过IBM的数据。

净推荐值

保费的增长状况（1999—2013年）

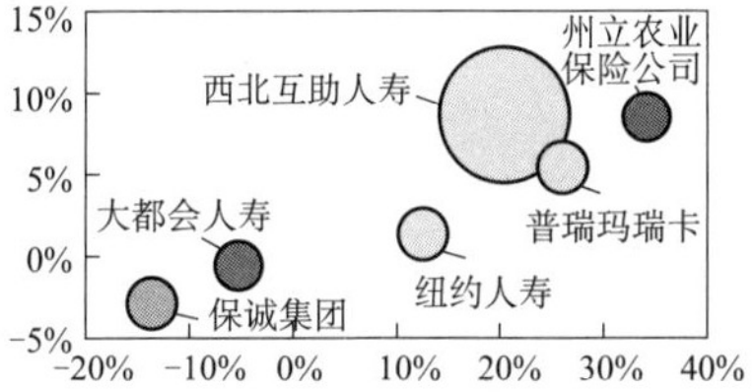

2001年第一季度至2002年第四季度的净推荐值

R^2：0.86

R^2（进行美国客户满意度指数计算的公司*）：0.83

美国客户满意度指数

保费的增长状况（1999—2013年）

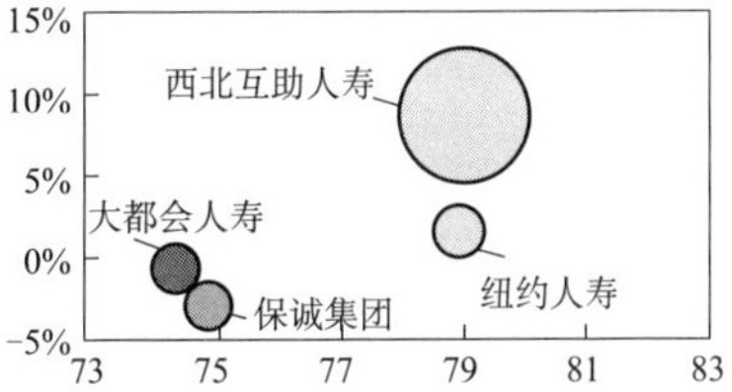

2001—2002年的美国客户满意度指数

R^2（进行过美国客户满意度指数计算的公司*）：0.58

*美国客户满意度指数未计算过普瑞玛瑞卡与州立农业保险公司的数据。

净推荐值

三年内的增长状况

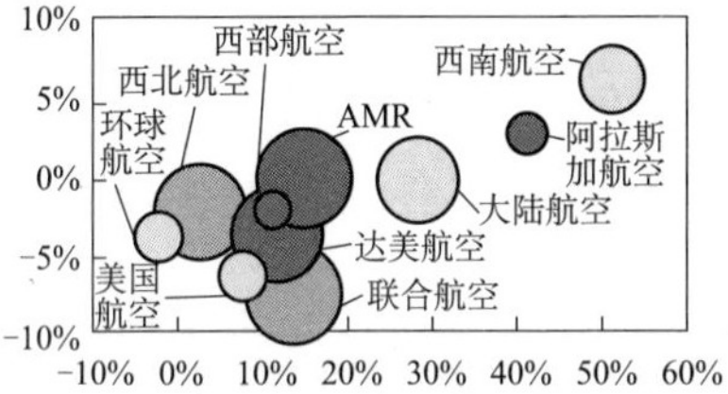

2001年第一季度至2002年第四季度的净推荐值

R^2：0.68

R^2（进行美国客户满意度指数计算的公司*）：0.57

美国客户满意度指数

三年内的增长状况

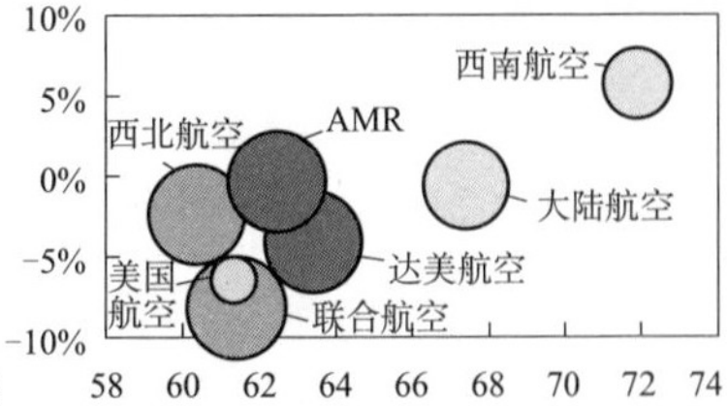

2001—2002年的美国客户满意度指数

R^2（进行美国客户满意度指数计算的公司*）：0.70

*美国客户满意度指数未计算过环球航空、西部航空以及阿拉斯加航空的数据。

图 1—2　利用《终极问题》的净推荐值数据对净推荐值与美国客户满意度指数进行比较

需要注意的是，这些图表并不能证明美国客户满意度指数与净推荐值这两者，究竟哪一种能更好地对增长作出预测。这些例子仅能让我们通过比较原始的净推荐值数据与美国客户满意度指数来测试有关优越性的断言。事实上，利用这种方法来证明某一标尺与增长之间存在关联性的做法有着严重的问题。《终极问题》在计算增长速度时将发生在净推荐值计算时段前的时间段也包括了进来（换句话说，这是与过去而非未来之间的联系）。因此，它无法有效地测试美国客户满意度指数或净推荐值与业务增长之间的关联。只有经过严谨的科学调查，长期观察众多行业中公司的表现才能获得这种关联。

幸运的是，如前所述，学术带头人已经开展了该项研究——而且不止一次——并将研究成果发表在一些由同行评审的顶级科学杂志上。这些研究结果均指出，这些标尺与增长之间的关联度很低。借用凡多恩教授、雷弗朗教授及提塔斯教授的话："我们发现，在预测未来的销售增长状况、毛利以及当前与未来的净现金流方面，所有指标的表现……都不尽如人意……像净推荐值这类客户指标对公司未来增长速度的预测能力十分有限。"

下面我们将解释出现这种现象的原因。

满意度 $\neq$ 市场份额

实证表明，一家公司的市场份额与其客户（平均）满意度之间不存在正相关……可以说，没有哪家市场份额超过30%的公司拥有较高的客户满意度。满意度高的公司，市场份额反而更低。

——科罗思·费奈尔教授针对其进行的瑞典客户满意度研究发表的看法

多数经理认为，高满意度及净推荐值水平与高市场份额相关。首席执行官与董事会对此深信不疑。因此，在某种程度上，员工只有在实现了既定的客户满意度水平后才能获得报酬，这种做法已经相当普遍。

经理们将赌注押在满意度上。然而，令人遗憾的是，现实与他们的预期截然相反。在多数行业中，公司的客户满意度/净推荐值水平与其市场份额之间呈负相关。换句话说，公司（或品牌）的满意度/净推荐值水平越高，其对应的市场份额往往越低。

多数经理对于这一事实的第一反应是不相信。毕竟，媒体上铺天盖地的全是专家与权威人士撰写的号称满意度/净推荐值的提升能带来惊人市场份额的文章。尽管我们毫不怀疑这些专家可以举出不少满意度/净推荐值分数随着企业的扩张而提高的公司的实例（正如每款减肥疗法都能提供可支持其所谓疗效的客户反馈一般），但是能够证明两者之间存在负相关的浩瀚数据则令你无法否认这种关系的存在。

事实上，我们时时刻刻都能见到这种负相关的范例，不过因为它与自己的预期不符而未曾重视罢了。无论如何，毫不夸张地说，这种负相关显而易见。

想一想美国的三大汉堡包连锁店。麦当劳的客户满意度始终居汉堡王与温蒂汉堡之后。18 年来，美国顾客满意度指数一直在追踪这些公司的运作情况。温迪汉堡的满意度水平在 17 年中一直位列榜首，汉堡王紧随其后，而麦当劳一向垫底。然而，尽管麦当劳的满意度水平始终在三者中排名最后，但是到目前为止，它拥有的市场份额却最大（参见图 1—3）。

零售业的情况亦是如此。根据美国顾客满意度指数，自 2007 年以来，沃尔玛的客户满意度得分一直排在所有折扣零售商的末尾。每年，塔吉特百货、西尔斯百货及彭尼百货的客户满意度均优于沃尔玛。尽管满意度水平相对较低，但沃尔玛已经占据了大半个零售业市场。事实上，沃尔玛是继美国国防部与中国人民解放军之后的全球最大雇主。

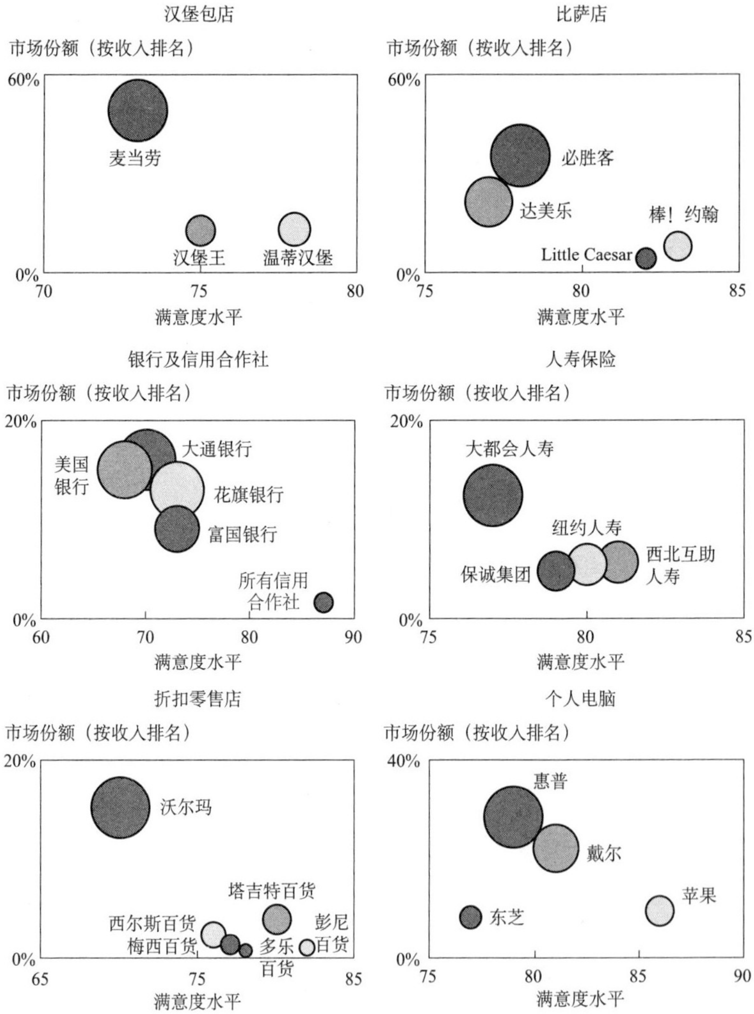

图 1—3　满意度与市场份额间往往呈现负相关

说明：满意度水平取自美国顾客满意度指数。

金融服务领域的满意度与市场份额同样呈现负相关。例如，大都会人寿的满意度明显低于其在人寿保险领域的主要竞争对手，但是它拥有更大的市场份额。在零售银行方面，大型银行的满意度水平要显著低于与其竞争的地区银行和信用合作社，但其市场份额也要大得多。事实上，在美国顾客满意度指数所调查的所有行业中，信用合作社的客户满意度水平无人能及。然而，相对于与其竞争的大银行，它们所占有的市场份额也极低。

现实就是满意度无法预测市场份额。然而，通过市场份额，我们却能对未来的客户满意度做出有力的负面预测。因此，对市场占有率较高（或期望能占有较大市场）的公司而言，如果将重点放在获取较高的满意度上就会与其目标不符。

这一发现似乎有悖常理，主要是因为较之竞争对手的产品，公司的市场吸引力范围越广，满意度水平就越低。这又是为何呢？要想赢得市场份额，通常就需要吸引那些需求与公司的核心目标市场并不完全一致的客户。因此，一方面，小型利基公司能够更好地为客户提供服务（见图 1—4）；另一方面，市场占有率较高的公司因其自身性质，必须服务于更为多样化的客户群。客户群越是多样化，公司的产品就越不可能完全遂了客户的心愿——满意度则会因此降低。然而，因为吸引了更为广泛的客户群，这些公司占领的市场份额就会大过与其竞争的小型利基公司。

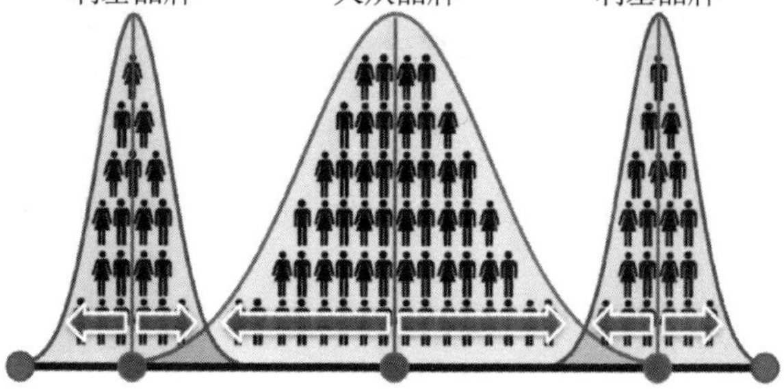

图 1—4 大众品牌与利基品牌

大众品牌的满意度得分较之利基品牌要低，它们的客户也更为分散。因此，许多客户无法获得自己理想中的产品。利基品牌必须吸引更为均质化的一小群客户才能生存下去。

客户之间的差异越小，公司的满意度往往就越高，这是经理必须面对的又一个令人不安的现实。客户满意度评分会随着市场份额的减少而上升。例如，美国顾客满意度指数的一项调查显示，就在汉堡王的市场份额被麦当劳和温迪汉堡所抢占，其在快餐汉堡连锁企业中的排名由第二位跌至第三位的同时，它的满意度反而有所上升。同样，正当凯马特因客户大规模流失而准备申请破产保护的时候，其客户满意度反而成为同比增长的最大值(也是自美国顾客满意度指数追踪该公司以来的最高值)。个中原因便是，当企业的客户开始流失，留下的客户往往是对该公司或品牌怀有喜爱之情的——否则他们也会跟着离开。

导致某些行业的满意度与市场份额之间出现负相关的另一个常见原因我们也都经历过。具体来说，忙碌的场所往往存在更多令人头痛的问题。结账的队伍排成长龙，叫人不禁怀疑自己是否会在等待结账、离店的时间里生出皱纹来。这种商店我们几乎都去过。因此，大型零售商时常发现，自己的销售业绩与相应的满意度之间呈现负相关（见图 1—5）。当然，不会有哪位经理会建议公司减少到店客户的数量以提升满意度。然而，人们总是期望这些销售业绩很高的店铺能在满意度上与其繁忙程度较低的同行持平。

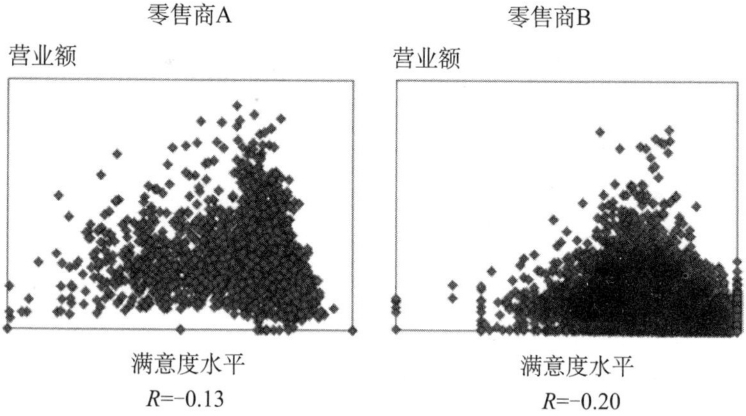

图 1—5　对于很多零售商而言，店铺层面的满意度与营业额之间呈现负相关

图中的每一点都代表了某一品牌旗下的一家店铺。Y 轴代表某家特定店铺的营业额，而 X 轴则代表其相应的满意度。此例中的负相关表明，（基于营业额的）店面大小与其满意度间呈现负相关——换句话说，高营业额与低满意度相关。

考虑到市场占有率更高的品牌的满意度可能不如市场份额更小的品牌，经理究竟该如何比较自己与竞争对手的业绩呢？根据我们的经验，一些全球最大品牌的经理常常以该类别中满意度最高的品牌为基准来衡量自己的业绩，尽管这些品牌的市场份额往往要小得多。此外，因为竞争对手实现了这种满意度水平，高管就常常会将这类满意度水平视作自己公司可以实现的目标。

顾问通常在这条路上走得更远。回顾经理们的工作经历，几乎人人都曾聆听过管理大师的教诲，学习过如何才能使他们的品牌向哈雷-戴维森、迪士尼和太阳马戏团等伟大的利基品牌靠得更近。大师们最基本的论据就是，决定顾客期望的不仅仅是直接竞争对手的业绩，还包括与客户有业务联系的所有公司的表现。尽管该论点也许存在些许可信之处，但多数情况下，它与管理毫不相干。汲取其他公司的经验确实有益，但以利基对手的业绩为基础来设定目标满意度水平不仅不现实，而且是个糟糕的商业决策。如果你的目标是赢得市场份额，那么追求最大的满意度这项战略并不能与之相匹配！

满意度 ≠ 钱包份额

何时仅仅使用客户—服务—测量（customer—service—measurement）的最终数值会显得不够？最近，当捷飞络公司（Jiffy Lube）发现其净推荐值——广受欢迎的客户—服务衡量标准，据说是“必须提高的数值”——无法帮助其真正实现增长时，便提出了这个问题……净推荐值的总体评分与客户回购率之间几乎不存在相关性，这一初步发现令人头疼不已。它意味着，那些嘴上说很乐意将捷飞络推荐给朋友的客户自己都未必会再次踏入捷飞络的店门。

——《广告时代》

经理们期望客户满意度与净推荐值水平能与客户分配给其所使用品牌的类别支出份额强烈挂钩，这是可以理解的。遗憾的是，事实绝非如此。

毫无疑问，大量科学研究表明，满意度与客户购买行为之间的确存在一种在统计上极为显著的正相关。遗憾的是，这种相关存在一个问题：尽管它在统计上极为显著，但是从管理的角度来说却并不重要。

经理们往往会误解统计显著性（significance）这一概念。在日常英语中，单词 significant 的意思是“重要的”，然而，在统计学中，它指的是“也许不是随机发生的”[①]。经理们所面临的问题就是，很多在统计上十分显著的事情完全可以不具备重要性。满意度与客户购买行为之间的关联显然就属于这种情况。事实上，两者间的关联性超级微弱，因此在管理层面上毫不相干。

这并非言过其实。满意度（及净推荐值）与客户分配给其使

① 在日常生活中，significance 意为“重要性”，但是 statistical significance 指的是“统计显著性”。此处，作者意指由于经理们误将专业术语理解成了普通词汇，所以造成了误解。——译者注

用品牌的支出份额之间的相关性极小。因此，作为一个旨在提高钱包份额的测量方式，它几乎发挥不了任何作用。

这自然会引出一个问题，"这种关联性究竟弱到什么程度?"在审视满意度/净推荐值与钱包份额间关系的过程中，我们研究了来自十几个国家的超过 250 000 位消费者对逾 650 个品牌的评分，我们发现，平均解释方差在 1%上下。在外行人的眼里，这意味着 99%的消费者类别支出份额完全无法通过满意度或净推荐值加以解释。更糟的是，满意度的变化对钱包份额变动所产生的影响更为微弱。我们的研究发现，满意度（及净推荐值）的变化只能对一段时期内 0.4%的钱包份额变动做出解释，这一数值简直可以忽略不计。

正是因为经理们认为满意度和净推荐值与增长相关，才会对其进行测量与管理。这种做法会带来灾难性的后果。一旦这种关联变得极弱，就无法通过改善满意度和净推荐值来可靠地预测公司的业绩。

多数经理不愿接受这一现实。事实上，他们常常就此向我们提出质疑。幸运的是，借助 Microsoft Excel 等简单的电子表格软件，我们很容易便能让经理们亲眼见到这一事实。

如果某公司正在收集满意度或净推荐值数据，那就只需创建一个包含了客户满意度和钱包份额数据的电子表格。具体来说，在某一列中输入公司或品牌的客户满意度评分（或净推荐值分类）并将钱包份额输入到另一列（见图 1—6）。现在，你只需要确定可由满意度水平或净推荐值解释的钱包份额的差异比例即可。通过计算 R^2 便可以实现这一目的。Microsoft Excel 提供了一个用以计算 R^2 的简单函数。因此，无须借助复杂的数学运算便可发现满意度/净推荐值这一标尺与客户在该品牌上的支出份额间的联系。

	A	B	C
1	客户编号	满意度	钱包份额
2	1	9	30%
3	2	8	60%
4	3	7	15%
5	4	9	75%
998	997	10	35%
999	998	9	45%
1000	999	8	25%
1001	1000	8	50%
1002			
1003		R^2	1.13%

图 1—6　很容易证明满意度与净推荐值对钱包份额的预测能力极弱

利用 Microsoft Excel 等简单的电子表格软件，经理很容易便能亲眼见证满意度/净推荐值与钱包份额之间的弱相关。只须将该公司或品牌的客户满意度（或净推荐值）水平与相应的钱包份额分别输入表格的两列，随后计算相关系数 R^2 即可。解释方差 R^2 几乎总小于 5%，通常为 1%左右。

说明：1. Microsoft Excel 中计算 R^2 的公式为= RSQ（column 1，column 2）。Column 1 与 Column 2 分别对应客户满意度与钱包份额水平。计算 R^2 时，究竟将满意度设定为 Column 1 还是 Column 2 并不会影响计算结果。

2. 如果你使用的是净推荐值，请输入“3”代表推荐者，“2”代表消极者，“1”则代表贬损者。

结果往往很糟糕。解释方差几乎总低于 5%——通常在 1%左右，这就意味着，至少有 95%的客户支出差异完全无法借助公司一直在追踪的满意度或净推荐值来测量。

研究数据带来错觉

既然极易证明客户满意度和净推荐值水平与钱包份额之间几乎不存在任何有意义的关联，那么为何绝大多数经理都对这种关联的存在深信不疑呢?

最重要的原因就是我们自己愿意相信这一点。它与我们对于世界应该如何运转的感知相符。我们想要相信，相较于满意度较低的客户，满意度更高的客户会将更大的支出份额分配给该品牌。

调查研究与咨询公司出示了有关客户满意度与客户支出之间关系的误导信息，由此向人们灌输这一信念。例如，几乎所有经理都曾见过或听过类似的内容：通常，推荐者/满意客户会比贬损者/不满意客户多花 X 美元（见图 1—7）。

说得更清楚一些，我们毫不怀疑顾问与研究人员所给出的均值的正确性，这些数值只是与钱包份额不相关而已。因为满意度和净推荐值无法很好地解释客户的支出水平，用满意度和净推荐值水平对客户进行分类就无法有效地解释为何某一类人的支出会比另一类人多。

取均值是测量人群分布中心的一种方式。因此，在计算均值时，极端正值与极端负值会相互抵消（见图 1—8）。

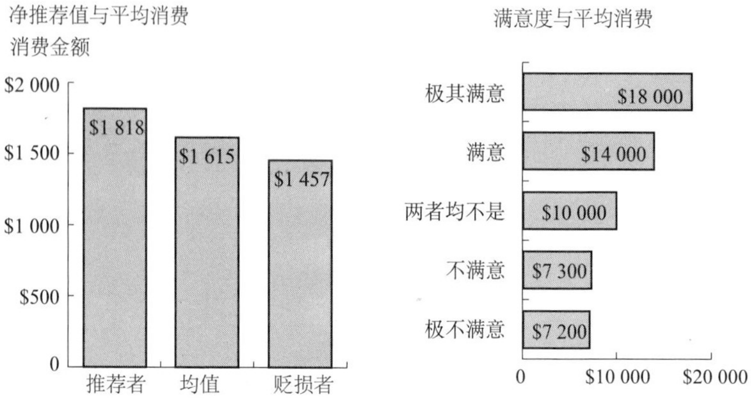

粉丝与非粉丝的满意度与平均消费的对比

	粉丝	非粉丝
平均消费（美元）	255	139

图 1—7　基于满意度、净推荐值及喜欢程度的两组平均消费水平的对比

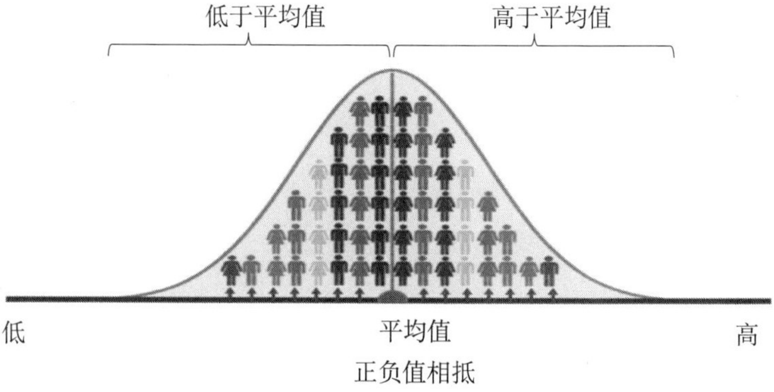

图 1—8　均值可能具有误导性，因为正值与负值相互抵消了

为了更好地了解均值具有误导性的原因，请撇开满意度与支出，想想客户的权重及其所居住的区域。让我们假设美国北部客户在均值中的权重大于南部客户，同时这种差异具有统计显著性。

即便这一信息属实，也无法帮助我们衡量单个客户所占的权重。事实上，如果你手中只握有国内每位客户的权重，也无法准确地预测出他们究竟是生活在美国北部还是南部。

这是因为美国各地区内个体权重的离散度极大。因此，南北部之间权重相同（高于和低于平均水平）的人们之间有大量重叠。

在使用满意度与净推荐值区分客户消费模式时也存在同样的问题（见图 1—9）。尽管每组的均值也许会有所提升，但由于重叠部分极大，很难在管理层面产生意义。

研究人员与顾问还会在企业层面使用满意度和净推荐值的均值来误导人们，这种方式的弊端就不是那么容易被察觉了。当企业层面的均值与类别支出份额、销售额等基于个人客户行为的指标相挂钩时尤其容易出现问题。

例如，我们在研究中发现，从企业的层面来说，全美范围内的银行和信用社的客户满意度与客户在这些金融机构中的存款份额均值高度相关。问题是，在个人客户的层面，满意度与存款份额间的关联度极低。

这是因为经理们在经过培训后会以竞争对手的业绩为基准来衡量自己公司的表现。因此，企业层面的分析会显得极具说服

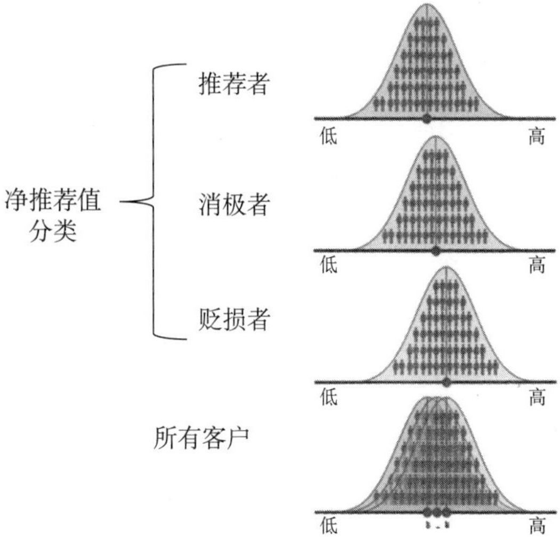

图 1—9　基于满意度与净推荐值的均值无法准确地反映各组别内不同个体间的消费差异

力。遗憾的是，多数经理并未意识到，整合后的相关性往往会高于个人层面。如图 1— 8 所示，这是因为个人层面的极端正值与负值在群组层面便会相互抵消。

因此，如果企业层面的相关度与个体层面的相关性之间存在巨大差异，我们就应对其持怀疑的态度。事实上，你可以在整合数据时应用一些统计规则。一条简单的经验法则就是，如果正在追踪的变量与结果变量间呈现出弱相关，就永远不能对数据进行整合。

在整合数据前，必须确保所选定的测量指标（如满意度，推荐意向，净推荐值的推荐者、被动者、贬损者分类等）与钱包份额在客户层面紧密关联。否则，使用整合数据就极有可能引发被研究者称为区群谬误（ecological fallacy）的现象。具体来说就是人们错误地假定，整合后的相关度适用于所有层面。

有一个极其简化的例子有助于展示区群谬误这一问题。2011年，《国家地理》杂志拍摄了一部旨在展现世界上最“典型”的人类的视频。该杂志发现，“典型人类”是年收入低于 12 000 美元、拥有一部手机、没有银行存款的 28 岁的中国男人。尽管这种结论为人们增添了茶余饭后的谈资，但却无法为我们找到理解个体需求与期望的最佳方式，因为人们与“典型人类”之间存在显著差异。

要想让群组层面的信息与公司管理相关，组内个体的身上就必须能够反映出均值——否则，均值所给出的有关组内人员的信息就是错误的。因此，经理在见到均值时（例如，推荐者的平均消费额度为 X 美元），应坚持要求研究伙伴提供与均值相应的个体层面的相关性，以便衡量该信息的有用程度。

令人欣慰的是，通常，研究人员很容易便能提供源于某家公司客户研究的个体层面的相关性。此外，因为专业研究人员和顾问都清楚（或者说应该清楚）区群谬误现象，他们应该会希望将经理根据他们的研究得出错误结论的可能性尽可能降到最低。无论如何，管理层有责任要求他们这样做。

沃尔玛的经典败笔

满意度与客户的类别支出份额之间不存在关联性这一事实会对经理造成巨大影响。经理们通常会调查客户满意度、推荐意向以及购买意向等指标，以此衡量客户体验。他们的基本逻辑就是这些项目之间存在良性的连锁效应，能将客户对产品/服务性能的积极看法转换为钱包份额，尤其是存在产品/服务性能 → 满意度/意向 → 钱包份额这一过程。为此，经理们将对这些指标影响最大的产品/服务体验视作公司主要的改进目标，并且相信这最终会带动钱包份额的提升。

毫无疑问，这种逻辑以直觉为基础……而且毫无成效可言！

其结果就是，公司往往在耗费了大量的时间和金钱来提高客户产品体验之后发现，此举在改善客户支出份额上的作用简直微乎其微。我们只要看看全球最大的公司沃尔玛的经历就能清楚这样做有多么危险了。

在 2008 年的大萧条中，沃尔玛是少数几家保持了同店销售额增长的零售商之一。包括其竞争对手塔吉特公司在内的多数其他零售商在同一时期内的同店销售额则出现了大幅下滑（见图 1—10）。

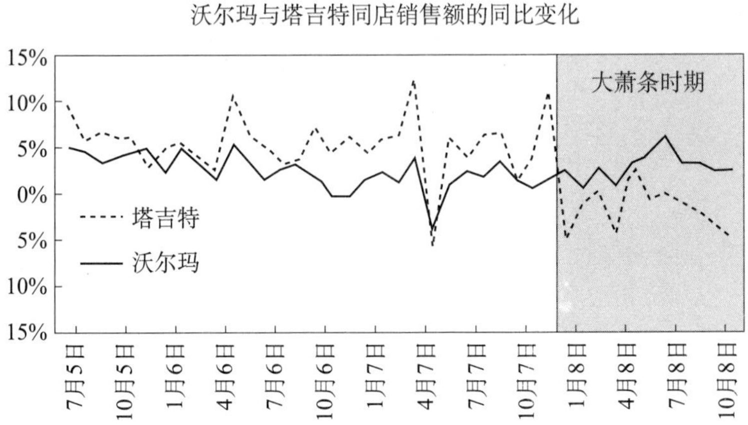

图 1—10 沃尔玛在 2008 年的大萧条期始终保持了良好的业绩，而多数零售企业的销售业绩则出现了下滑

借用《时代》杂志的话，在竞争对手因经济萧条而表现不佳之际，沃尔玛采取了一项新举措试图一举“粉碎竞争对手”。这项被称作“印象工程”的举措代表了一项引人注目的改造倡议，其目的便是改善以广泛的客户反馈为基础的客户体验。尽管沃尔玛一贯在销售业绩上表现抢眼，但它的客户满意度却明显落后于竞争对手。印象工程的推出正是打算改变这一现状并在实施的过程中打击竞争对手。

因此，以往放置于过道、堆满商品的货板消失了，过道两端的陈列商品减少了，就连挤在货架上令人眼花缭乱的商品也被精简了，以免客户在选择时不知所措。

值得高兴的是，这项举措对顾客在沃尔玛的购物体验产生了极为积极的影响。事实上，沃尔玛报道说，印象工程使其客户满意度跃至历史最高值。

遗憾的是，印象工程也带来了公司历史上最长的一段同店销量下滑期之一（见图 1—11）。高客户满意度实际上反而导致客户减少了分配给沃尔玛的支出份额。

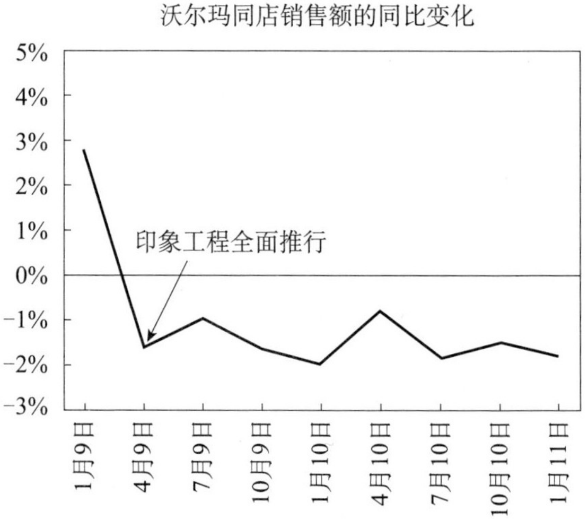

图 1—11　印象工程的推行开启了沃尔玛历史上持续时间最长的同店销售额下滑期之一

也就是说，问题并不是客户不再前往沃尔玛购物。“多数客户仍然来沃尔玛购物，”沃尔玛首席财务官查尔斯·霍利说，“只是他们增加了在别处购物的时间。”

此外，销售额的损失也无法归咎于经济的不景气。其竞争对手塔吉特与多乐百货在同一时期内均实现了同店销售额的强劲增长。

销售额下降的原因恰恰就是印象工程。沃尔玛因该项目损失了20亿美元——这一数字相当于《财富》1 000强榜单里的公司的收入水平。提出印象工程的经理现已被沃尔玛解雇，他的团队实际上已经解散。

印象工程告诉我们，倘若客户满意度与客户消费之间并不存在紧密的关联，着重改善满意度就会存在危险。借用沃尔玛美国分部首席执行官威廉·S. 西蒙的话："他们喜欢这种购物体验，只不过从口袋里掏出的钱减少了而已。总的来说，这并非一项优质的长期战略。"

重要的启示

无疑，离开了满意的客户，没有哪家公司能够支撑很久。但是，将重点错误地放在改善满意度和净推荐值水平上则会为企业带来财务上的灾难。

满意度和净推荐值水平与客户分配给品牌的类别支出份额之间几乎不存在任何联系，任谁都躲不过这一事实。不过，你还是不要听信我们的话，请自己用简单的电子表格软件（如图1—6所示）进行验证。既然满意度/净推荐值水平与客户的支出份额之间没有密切关联，为提高满意度和净推荐值所做的努力就不可能有回报。

同样糟心的是，如果你的目标是成为市场份额的引领者，那么便无法坐上满意度的头把交椅。事实上，为了赢得市场份额，经理必须扩大客户群，吸引更为多样化的顾客，因此也必须接受较低的客户满意度。

这跟商业媒体上讨论满意度及净推荐值水平与企业绩效间关系的所有项目所传递的信息相抵触。现实很残酷，这类努力多半注定以失败告终。此外，它们往往还与公司的竞争定位和战略背道而驰。

尽管当前的形势有些严峻，但其实这种情况也可以得到改善。这些问题都可以解决。不过，如果不改善现行的一切做法，那就只是空谈。人们需要以新的视角来看待这个问题。更为重要的是，必须乐于放弃那些无效的遗留体系。

这很难实现。为了支持这些体系，许多经理押上了自己的名誉。某些人提供的该体系与客户消费间的关联甚至存在瑕疵——当然，人们期望这种联系能够相应地推动销售的增长，而事实上，这种愿望很少能够实现。

然而，更难以应付的是，公司的竞争对手愿意做出这种改变。它们既能准确地判断出哪些因素可以真正推动客户在其品牌上的支出，也能做出足以推动市场份额增长的正确决策。

因此，必须做出改变。最后，真理终将获胜。而事实就是，眼下情况糟糕，让你不禁仰天长叹。

第二章

好了，发现钱包分配法则

“包您满意，否则无条件退款!”蒙哥马利·沃德——日用品邮购目录的创始者——自1875年起便凭借这句承诺使自己的邮购目录与众不同。如今，这句话几乎成了全球所有企业的标准承诺。

蒙哥马利·沃德意识到，企业想要生存、获得发展，唯一的途径便是将满意的客户变成公司的基石。这是件好事。事实上，这是经济理论的一个核心组成部分。经济学的一条基本原理戈森第二定律提到：“当一个人将自己的可用资金分散到各种商品上时，就能实现效用最大化。因此，花在每件商品上的最后一笔钱所能带给他的满足感是相同的。”

这种想法在我们的日常生活中根深蒂固，似乎无须解释——人们会从更能令自己满意的地方购入更多商品。此外，大量研究人员（也包括我们）给出了科学证据，证实客户满意度与客户支出间存在显著的统计关系。

然而问题就在于，尽管这种显著的统计关系的确存在，但力量极其微弱，几乎与管理毫不相关。因此，经理们几乎不可能将自己为提高满意度所做的努力与可见的财务成果有效地联系起来。

人们并未忽视这种微弱的（近乎不存在的）关系，这一点丝毫不令人惊讶。随之涌来了一波质疑之声，在某些情况下，经理与顾问甚至对客户满意度的测量及管理完全嗤之以鼻。著名销售培训顾问杰弗里·吉托默所著的《满意零价，忠诚无价》（*Customer Satisfaction Is Worthless, Customer Loyalty Is Priceless*）等书描述了经理们在试图将客户体验转变成财务回报时所遭受的挫折。事实上，正是这种挫折催生了净推荐值："较之客户满意度评分，净推荐值不仅是一种更为简单、更易理解、更具操作性的测量手段，而且能更为直接地与经济增长挂钩。"

遗憾的是，媒体所宣称的净推荐值与增长之间的关联根本经不起推敲，因为所有的主要科学调查均显示，净推荐值与增长之间的关联性极差。鉴于客户净推荐值水平与钱包份额之间的相关性格外地弱，这一点也完全在意料之中。

既然类别支出所占的份额（又称钱包份额）是客户对某企业或品牌忠诚度的最重要的表现，而传统指标与钱包份额之间的关联又不甚紧密，那么就存在一个明显的问题，即当前该如何衡量和管理客户忠诚度。这一现实迫使我们进行了深刻的自我反省。如果没有办法将客户对自己所使用的品牌或公司的感受与其分配支出的方式进行有效关联，那么将重点放在客户体验上这一首要前提便出了差错。如果这个理由不正确，我们就必须找出真正的原因。

这促使我们开展了一次全面调查，试图解开满意度及其他常用指标与客户分配给所用品牌的支出份额之间不相关的这一谜团。我们的首要目标是确定：(1) 连接客户指标与钱包份额的最佳途径；(2) 经理可以追踪的最佳指标。

调查结果令我们感到震惊。研究发现，在客户对其所使用品牌的看法与其钱包份额间存在一种迄今为止尚未被察觉的关系。这种关系可以通过一个简单的数学公式，即钱包分配法则公式，很容易地加以计算：

$$\text{钱包份额}=\left(1-\frac{\text{排名}}{\text{品牌数量}+1}\right)\times\left(\frac{2}{\text{品牌数量}}\right)$$

式中，排名为相对于客户所使用的其他同类产品，该名客户分配给某一特定品牌的相对排名；品牌数量为客户使用的该类商品的品牌总数。

钱包分配法则影响深远。利用这个简单的公式，经理可以轻松地将客户指标与钱包份额紧密联系起来。在不同的公司中，在各异的行业里，钱包分配法则与客户钱包份额之间均密切相关。更为重要的是，钱包分配法则数值的变化与钱包份额的变动间也呈现出强相关。

许多读者可能会对此心生疑虑。毕竟，毫不夸张地说，在过去的半个世纪中，曾有成千上万位研究者审视过客户满意度数据。而且，我们之前也上过当、受过骗——其他被高度吹捧的新指标均未能实现与客户消费行为之间的链接。

我们能够理解这种疑虑。事实上，在最初发现钱包分配法则时，我们也并未放声高呼“找到了!”而是认为，“那不可能是真的。”

但是，在对钱包分配法则进行了无数次严谨的科学调查之后，我们很清楚，这是真正有效的法则。

发现者的初心

钱包分配法则的发现者是一组知名学者与业内行家，他们的目标便是将最佳的科学与实践结合到一起。最为重要的是，该团队并非仅仅只会进行严格的分析。其成员对自己的研究结果深信不疑，即便该结果与他们过去所推崇之事相互矛盾。

第一步便是批判性地反思客户满意度与客户支出之间关系的性质。无法得到硬数据支持的理念被摒弃。随后，团队比较了那些被证实正确无误的观点与目前测量、管理客户满意度的方式。出人意料的是，尽管有关客户满意度的科学研究已进行了数十载，但还是发现，研究人员与经理心知肚明的正确事实和他们的实际做法之间依然存在两处严重的脱节。

问题 1：满意度与公司的竞争品牌相关，但是衡量满意度的方法却并未体现这一点

管理者们都清楚，客户满意度与客户使用的其他公司或品牌相关。但是，你永远也无法从公司用以衡量客户满意度的方式中发现这一点。通常，经理们只会将重点放在满意度的绝对数值上。例如，如果某位客户在“向他人推荐公司的可能性”这一问题上给出了 9 或 10 分（10 分最高，0 分最低），那么，根据净推荐值的计算过程，不论他对自己所使用的其他同类产品的评分如何，他都将被划入推荐者的范畴。

问题 2：公司的市场份额与其在竞争中的相对排名密切相关，但这种见解未能形成实用价值

一段时间以来，研究人员都很清楚，市场份额与排名有关。换句话说，如果你知晓某一行业中的企业总数并且清楚它们的相对排名（例如，就市场份额而言，排名第一、第二、第三等的公司分别是哪些），就能利用一个简单的数学公式估算出该行业中每家公司所占的市场份额。

多数经理甚至不知道这种关系的存在。即便知道，也鲜有人清楚该如何在日常业务管理中应用。但是它会对公司产生严重的影响。一旦将排名与份额联系到一起，就意味着企业不可能通过缓慢地攀爬市场份额曲线在市场份额大战中赢得重大胜利。因为某一特定的市场份额与某一特定排名相关联，这表示公司若想赢得显著的市场份额，就必须在竞争中抢得优于竞争对手的排名。

满意度相对排名决定钱包份额

两个看似无关的问题——（1）满意度是相对的，（2）排名很重要——其实彼此相关。问题 1（满意度是相对的）的根本在于，客户所给的绝对“分值”并不重要，重要的是较之竞争品牌，客户对该品牌性能的感知。至于问题 2（排名与市场份额相关），排名是衡量公司与竞争对手间相对位置的一种手段。

为了了解这两个问题以何种方式彼此相关，我们假设某品牌拥有两位客户：珍妮特和约翰（见图 2—1）。两人为该品牌打出的满意度评分均为 10 分制中的 9 分（10 分代表最满意）。几乎所有经理都会认为这是个不错的分值。根据净推荐值分类系统，珍妮特和约翰都将被认定为推荐者。

品牌客户	满意度/排名	某品牌	竞争对手		钱包份额
			A	B	
珍妮特	满意度	9	9	10	**25%**
	排名	2.5	2.5	1	
约翰	满意度	9	7	8	**50%**
	排名	1	3	2	

图 2—1 排名的不同会造成钱包份额的差异

然而，珍妮特和约翰还使用了其他两个品牌：品牌 A 与品牌 B。珍妮特给予品牌 A 和品牌 B 的满意度评分分别为 9 分与 10 分；约翰对品牌 A 和品牌 B 则分别给出了 7 分和 8 分的满意度分值。

尽管珍妮特和约翰均为某品牌打出了 9 分的满意度评分，但是对约翰而言，该品牌显然是他的首选，而对珍妮特来说，该品牌则处于并列倒数的位置。这种排名上的差异所造成的结果便是，较之珍妮特，约翰分配给该品牌的类别支出份额要高得多。

这类问题时常发生。在多数行业中，客户会在多个竞争品牌之间分配其类别支出份额。然而，客户对于不同品牌的满意度也许不尽相同。我们自然会预计首选品牌将赢得更多的类别支出份额。满意度水平的相对“排名”很容易便能反映出客户的喜好。因此，与绝对分值相比，排名与钱包份额的关联更为紧密。事实上，我们在研究中发现，只需将满意度水平的绝对值转变为相对排名，便能解释超过两成的客户类别支出份额的差异。鉴于满意度的绝对水平只能解释 1%的钱包份额差异，这算得上是一个显著的改进。

确定排名的方式

由于排名与钱包份额之间的关联度远胜满意度的绝对值，紧接着的一个自然而然的问题便是，“确定排名的最佳方法是什么?”答案似乎显而易见——只需让客户对其使用的公司进行排名即可——但这并非最佳解决方案。如果只是要求人们按照从好到坏的顺序对企业进行排名，他们便会强行为每家公司分配不同的排名（如第一、第二、第三等）。

问题就在于，这些迥异的排名往往并不能等同于客户对于其所使用品牌的看法。尽管最受其青睐的品牌也许十分明确，但人们也很有可能对自己使用的几种品牌持有相同的看法。因此，强迫客户将这些品牌分出个子丑寅卯并不能反映他对这些品牌的真实看法。

因此，要让平局的出现变得容易，这很重要。研究人员发现，一个上佳的办法就是将客户给出的品牌评分重新调节为品牌的排名。最为重要的是，这一过程可以使我们将在客户调查中收集到的数据与客户的实际购买行为联系起来。

既然平局很重要，现在的问题就变成了如何对平局进行解释。就多数排名而言，例如在体育赛事、考试成绩排名中，平局意味着达到同等程度的人一起分享最高的排名。换句话说，很可能最终会有不止一个团队可以合法地高喊：“我们是第一！”

不过，在客户的钱包分配份额上，金牌得主只能有一位。如果对于某位客户而言两个品牌并列第一，那么这两者都无法获得只有一个品牌是赢家时所能获得的回报。毕竟，客户钱包的大小不会因为其使用的品牌表现得旗鼓相当而发生改变。排名相同的竞争对手只能瓜分在未出现平局时它们所占据的排名能够获得的回报之和。因此，如果有两个品牌并列第一，那么它们原本会占据的位置是 1 与 2，此时两者的排名就均为 1.5。假设之后不再存在并列的情况，下一个排名就将是 3（即第三位）。

对钱包分配法则的严苛测试

为了检验我们对排名与钱包份额之间关系的理念是否正确，我们展开了广泛的调查，调查了十几个行业中的逾 5 500 位客户，为收集客户满意度与忠诚度评分向他们提出了各色问题。此外，我们还获取了受访者的历史购买记录。随后，我们对数据进行研究以确定所收集的客户指标与钱包份额之间是否真正存在关联。

调查的结果相当令人意外。排名不仅与钱包份额有关，而且这种关联还遵循了一种清晰的模式，可以通过两个因素进行预测：该品牌相对于客户使用的竞争对手的排名及其客户使用的品牌总数（见图 2—2）。最为重要的是，使用一个非常简单的数学公式——钱包分配法则公式——便可进行这种预测。

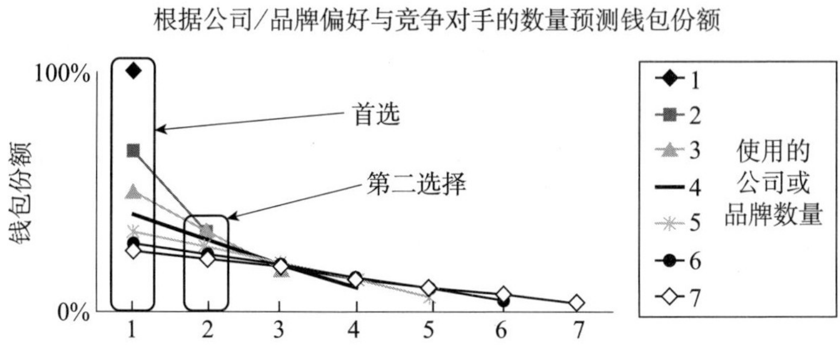

图 2—2 排名与钱包份额之间的关系遵循一个清晰的模式

可以通过两个因素预测公司/品牌排名与钱包份额之间的关系：客户使用的公司/品牌的相对排名及其使用的公司/品牌的数量。

在我们所调查的行业中，钱包份额与钱包分配法则之间的相关性十分显著（见图 2—3）。更为重要的是，在客户层面与企业层面的相关性都不弱。这些发现说明，只需知道品牌的相对排名以及客户使用的品牌数量，就能高度精确地预测出其钱包份额。

然而，我们没有为此发现举杯庆祝，我们需要确保自己的结论正确无误。毕竟，许多最初看似伟大的发现在商业竞争的现实需求面前全都败下阵来。

调查伊始，我们曾以为，要想找到一种牢固的关系就需要一个画满希腊符号的复杂的数学公式。然而，钱包分配法则却异常简单，很难相信之前居然没有人发现这一法则（想想成千上万一直在检验满意度数据的研究人员便更是如此）。

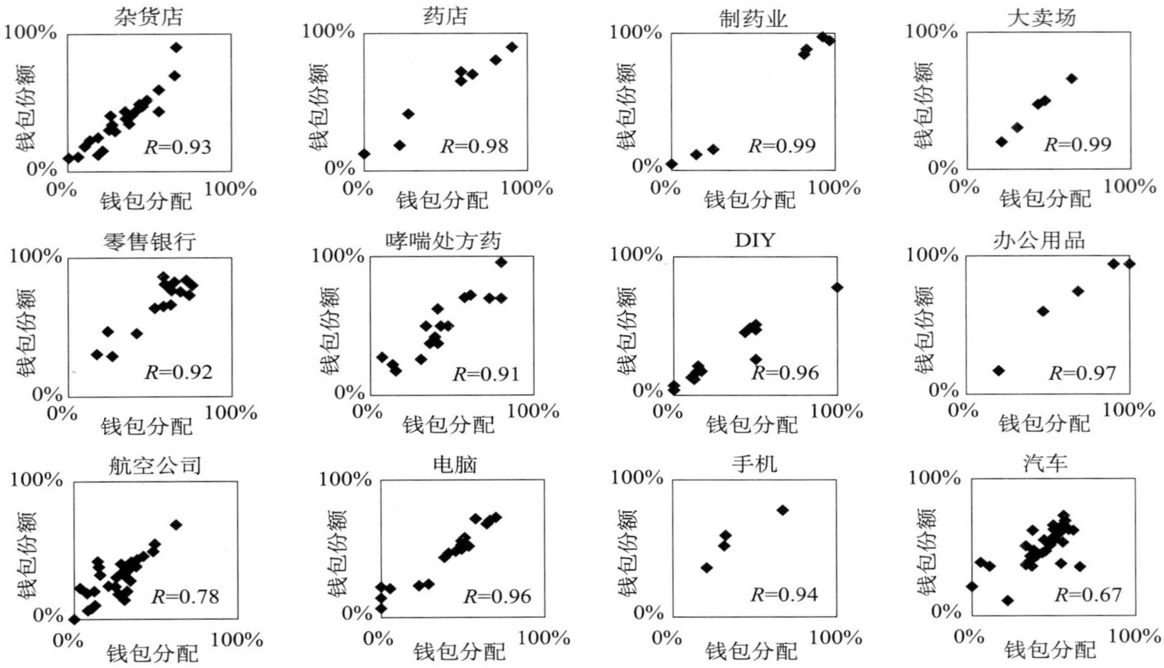

图2—3 钱包分配法则与钱包份额之间的关联

这些散点图显示了利用钱包分配法则预测的平均钱包份额（*X*轴）与公司/品牌层面的平均钱包份额（*Y*轴）的关系。

心存疑虑的我们坚持对研究结果进行了严格的测试。首先，需要确保钱包分配法则能在各种文化背景下起作用。因此，我们在（涵盖四大洲的）8 个非北美国家中，调查了 7 000 多位客户的信用卡使用情况。之所以选择这一产业是为了尽量减少产业结构与各国竞争对手的独特性对调查结果可能产生的显著影响。我们在调查中发现，钱包分配法则与钱包份额在所有参与调查的国家内都存在强相关关系。

尽管这些结果令人印象深刻，但我们还是需要肯定，钱包分配法则的结果不会随着时间的推移出现不稳定的状况。同时，我们还需证明，经理们可以使用法则获得可追踪的有用的关键绩效指标。具体来说，我们需要确定，钱包分配法则数值的变动在长期内均与钱包份额的变化相关。

但是，这一需求却向我们提出了挑战。在最初的一波调查完成之后的短短几个月内就指望客户指标与钱包份额发生巨变是不合理的。

我们需要研究那些客户钱包份额瞬息万变的市场。这就意味着市场中必须出现一些混乱。从研究的角度来说，个中的困难之处就在于必须知道混乱发生的准确时间，才能确保在事件发生的前后对钱包份额的数值进行测量。

为了解决这一问题，我们调查了即将有一家新零售商店开张的零售市场。显然，新店开业将大大扰乱市场内原有的竞争态势，迅速改变客户的消费模式。

我们研究了两类不同产品各自所在的零售市场在新店开业前

后的状况。测试结果证明，不论市场动态发生何种变化、客户的类别支出相应地产生了何种变动，钱包分配法则与钱包份额之间均存在很强的关联性。

大约 6 个月后，我们回访了 5 个参与信用卡使用情况调查的国家（共有 8 个国家参与调查）。两组数据的结果基本完全一致，均表现出很强的相关性。

不过，我们还要进行最为重要的测试。我们需要知道个人客户的钱包份额变动是否与钱包分配法则所预测的变化一致。为此，不得不进行一般的客户满意度研究很少会做的事。为了验证结果，我们在初始调查结束约一年后，回访了之前曾参与调查的客户。

调查结果明确地表明，钱包分配法则与个人客户行为之间存在强相关（见图 2—4）。相比之下，其他常用指标的变化与钱包份额变动之间的关联性就显得极其微弱。

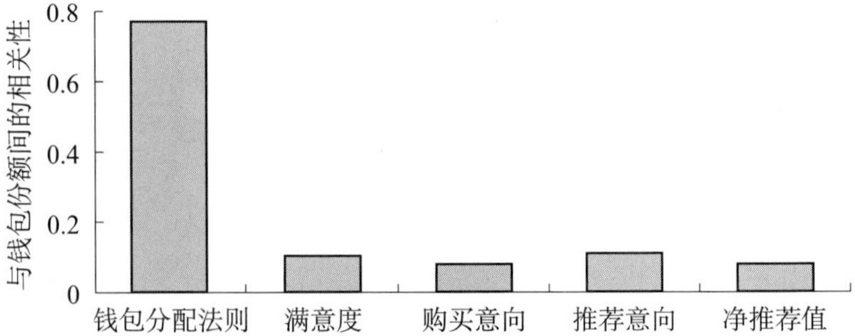

图 2—4 钱包分配法则的数值变化与客户钱包份额变动在长期呈现出强相关

该图显示了随着时间的推移，个人客户钱包份额的实际变动与基于钱包分配法则及其他常用指标，如满意度和忠诚度等所预测的钱包份额的变化之间的相关性。

我们将研究结果发表在了《哈佛商业评论》上。一个月后，该项研究获得了新生代颠覆性创新奖。

接下来，我们力图在一项针对美国信用联盟与零售银行市场的大规模研究中重现这些结果。在对全美 4 712 位银行客户进行调查后发现，钱包分配法则能够解释 55％的客户存款份额差异（存款份额指的是客户分配给特定金融机构的存款比例）。相比之下，满意度及净推荐值水平等常见指标所能解释的差异比例不到 10％。研究结果发表在《国际银行营销》这份金融服务营销领域的同行评审学术期刊上。

最后，我们试图利用一个大型的多国数据库，并借助一支成员来自西北大学、范德堡大学、福特汉姆大学和根特大学的学术研究队伍的力量再现这些结果。共有 79 543 位客户就其在某行业中使用过的品牌提交了 258 743 份满意度评分，涵盖 15 个国家中 22 个行业的 650 多个品牌。

在这次调查中，我们综合比较了钱包分配法则与多种替代方法，这些方法或是其他研究人员的研究成果，或是代表了基于之前科学研究的合理选择。我们从多项性能标准出发，一一考察了这些模型。我们再次发现，在与钱包份额的关联性这一问题上，钱包分配法则并不比其他更为复杂的模型逊色。事实上，随着时间的推移，钱包分配法则分值的变化与钱包份额的变动之间的绝对关联度在名义上是最大的。此次调查的结果发表在服务管理领域内的同行评审学术期刊《管理服务》上。

其他研究人员也对钱包分配法则进行了研究并发现了类似的结果。在一项最为全面的调查中，研究员爱丽丝·洛与简·霍夫迈尔比较了钱包分配法则与另外两种更为复杂的方法在三个产业中与客户实际支出份额之间的相关性。尽管对三种方法所用的调查问题不尽相同，但最终结论却是一致的。钱包分配法则的表现与这些更加复杂的方式同样出色。

新方法多半有赖于奇闻逸事的支撑（例如，某公司采用这种新方法后，经营状况发生了彻底转变）。尽管有故事可听是件好事，但是只有在证明这些逸闻在不同企业、不同行业之中均有效用之后，故事才真正有意义。

这些不同的研究表明，钱包分配法则经受住了众多严格的科学测试。更为重要的是，它通过了所有测试！

钱包分配法则追踪什么指标？

钱包分配法则使经理们有可能轻松地将客户指标与钱包份额联系起来。然而，在这个满是竞争指标（如满意度、净推荐值等）的世界中，究竟应该追踪何种最佳指标？

近年来，研究人员推出了众多最佳客户指标，据说它们均可将客户调查数据与业务成果挂钩。然而，这些最佳指标在与增长之间的相关性上却表现平平，没有任何指标能在所有竞争环境中表现出普遍的有效性，而且它们均被证实无法很好地预测钱包份额。然而，即便现有指标存在这些不足，也无法阻挡那群希翼可以更好地了解客户行为的经理们对其加以利用。

在选择最佳指标时一定要清楚，最为常用的指标之间往往高度相关。这一点很重要。事实上，对这些指标进行的统计分析显示，其实它们测量的是同一概念。因此，尽管很有可能某一指标在某些情况下的表现会超越另一个，但是它明显胜过其他指标的可能性相当小。

钱包分配法则的一个重要暗示就是在将这些度量指标与钱包份额连接到一起时，最重要的问题不在指标的选择上，而是关乎绝对数值的使用。为了确定事实是否如此，我们用钱包分配法则检验了最常用的满意度/忠诚度指标与钱包份额之间的联系。

尽管我们期望在使用钱包分配法则时所有指标都能有不错的表现，但却未曾预料到它们最终展现了近乎相同的结果（见图2—5）。研究结果表明，如果你尽心竭力地想要找出最佳的测量方式，其实是将力气用错了地方。当然，也许存在某一指标在个别情况下表现优于另一指标的情况，然而，如果想要增强与钱包份额之间的联系，多数行业中的经理似乎并不需要更换自己一直在追踪的客户指标（满意度、净推荐值等）。相反，将钱包分配法则投入应用即可实现这一目的。

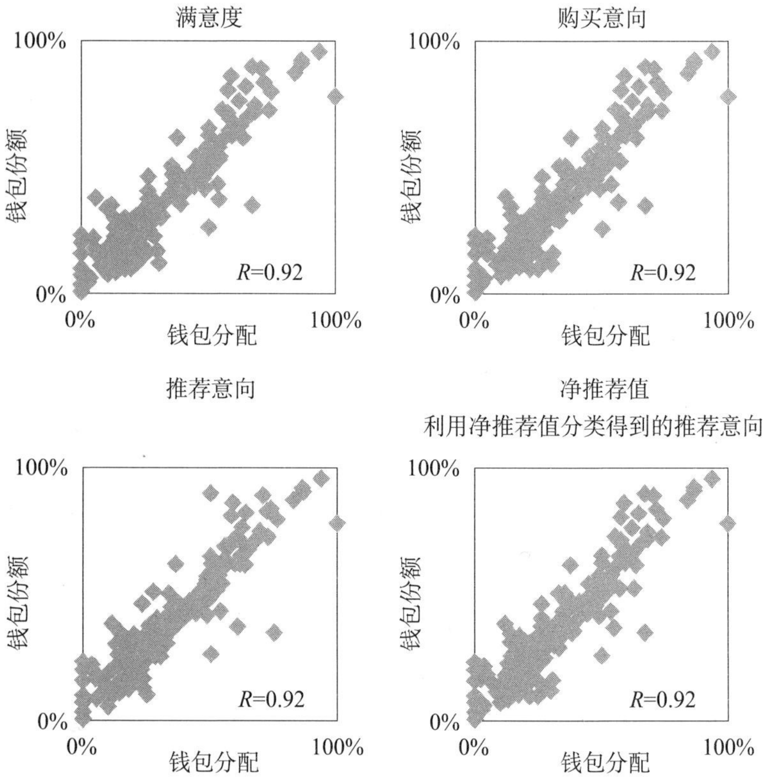

图 2—5　使用钱包分配法则时采用哪种测量标准并不重要

出人意料的是，不论使用哪一种测量标准来确定公司/品牌的相对业绩排名，测量结果几乎完全相同。注意，散点图显示了使用钱包分配法则预测的平均钱包份额（*X* 轴）与公司/品牌层面的平均钱包份额（*Y* 轴）的关系。

为何钱包分配法则会有效?

客户在某品牌上的消费额是一个与他在竞争中赋予该品牌的

排名相关的函数，这很直观。我们理所当然地认为首选品牌的使用频率会超过次选品牌。

然而钱包分配法则的基础却远不止直觉这么简单。法则的核心表明，钱包份额是有关品牌排名的函数。这种关系体现了一种科学实证法——齐波夫定律。

20 世纪 30 年代，哈佛大学语言学家乔治·金斯利·齐波夫发现，不论在哪一种语言中，单词的词频与其排名成反比。自此之后，科学家们已经在众多情况下发现了类似关系，其中包括互联网的使用、世界范围内的收入分配、城市的人口排名、地震的强弱与频率以及乐曲中音符的使用。

对于经理来说，最重要的一点便是，学术研究人员早就知道公司的市场份额也遵守这一规律。因此，用齐波夫分布（基于齐波夫定律的数学公式）代替钱包分配法则，与钱包份额之间建立起关联的做法频频被人们提起。

尽管齐波夫定律在概念上极其简单，但是多数经理认为齐波夫分布难以计算。利用齐波夫分布计算钱包份额的数学公式如下：

$$\text{钱包份额} = \frac{1}{\text{排名}_{ij}^{s(m_i)}\left[\sum_{k=1}^{m_i}\left(\frac{1}{\text{排名}_{ij}^{s(m_i)}}\right)\right]}$$

式中，$s(m_i)$ 是一个取决于品牌数量的常数。

要想找到最佳的齐波夫分布，就需要将排名与钱包份额数据输入一个应用程序，随后通过逆向运算确定上述方程中恰当的 s 值。

这显然很复杂。更为糟糕的是，我们很难详尽地向高级经理和公司描述该模型。现实往往就是，经理们拒绝使用过于复杂的模型，因为他们无法从直观上理解、传递这些模型，当然也无法围绕这些模型对公司进行整合。因此，他们“回归到了那些极其简单的模型上”。

遗憾的是，这些超级简单的模型（如绝对满意度与净推荐值）与客户分配给自己使用品牌的支出份额并不相关。它们也许十分简单，但是没有哪位经理会故意接受错误的事物。如果他们将推动钱包份额的增长视作自己的目标，就绝对不应该使用错误的指标。

一旦有了钱包分配法则，经理们无须拥有博士学位便可轻松地将客户指标与钱包份额挂钩。你只需知道客户使用的品牌数量及其排名即可。

运用钱包分配法则的三个步骤

尽管钱包分配法则不如计算公司的净推荐值那般简单，但是它运用起来也不困难。借用《哈佛商业评论》的话：“别被数学吓倒。”通过简单的三步，便可将钱包分配法则投入使用。

第 1 步：对客户进行调研。确定他们在你打算分析的产品类别内经常使用的品牌（店铺或公司）。假设约翰、简、玛丽和汤姆都使用了相同的洗涤剂品牌：品牌 X，Y 和 Z。

第 2 步：测量每位客户对各自使用品牌的满意度（或其他常见的测量忠诚度的标准，如净推荐值）；随后将这些分数转换成排名。对某位客户而言，得分最高的品牌位列第一，得分次之的排在第二，以此类推。

图 2—6 是约翰、简、玛丽和汤姆为三种品牌的洗涤剂给出的满意度评分。

图 2—7 则是根据约翰、简、玛丽和汤姆的满意度评分对三种洗涤剂进行的排名。

	X品牌	Y品牌	Z品牌
约翰	8	9	10
简	7	没用过	9
玛丽	6	9	8
汤姆	7	9	9

图 2—6　客户对 X，Y，Z 品牌的满意程度

	X品牌	Y品牌	Z品牌
约翰	3	2	1
简	2	—	1
玛丽	3	1	2
汤姆	3	1.5	1.5

图 2—7　X，Y，Z 品牌的客户相对满意度“排名”

若是出现平分，如汤姆为品牌 Y 和 Z 打出了相同的满意度评分，那么就将两个品牌在得分不同的情况下会占据的两个排名的均值分配给它们。

未曾使用过的品牌则视为数据缺失，不参与排名。对简而言，品牌 Y 就是这种情况。

第 3 步：为了获得某位特定客户分配给某品牌的钱包份额，需要将品牌排名和使用的品牌总数代入钱包分配法则公式：

$$\text{钱包份额}=\left(1-\frac{\text{排名}}{\text{品牌数量}+1}\right)\times\left(\frac{2}{\text{品牌数量}}\right)$$

例如，对约翰而言，品牌 Z 的份额计算公式如下：

$$=\left(1-\frac{1}{3+1}\right)\times\left(\frac{2}{3}\right)$$

$$=(1-0.25)\times 0.666\,667$$

$$=50\%$$

对每位客户、每个品牌重复同样的计算。为了获得某公司客户给予某特定品牌的平均钱包份额，只须取个人客户钱包份额的均值即可。有两种计算方式（见图 2—8）。

	X品牌	Y品牌	Z品牌
约翰	16.7%	33.3%	50.0%
简	33.3%	0%	66.7%
玛丽	16.7%	包括 50.0% 不包括	33.3%
汤姆	16.7%	0% 41.7% 0%	41.7%
品牌的钱包份额（所有客户）	20.9%	31.3%	47.9%
品牌的钱包份额（该品牌客户）	20.9%	41.7%	47.9%

图 2—8 品牌层面的钱包份额

（1）所有客户：公司所有客户流向某品牌的平均钱包份额。可以快速了解某一特定竞争对手所代表的整体财务机会。

(2) 仅限品牌用户：使用了该品牌的那部分公司客户流向品牌的平均钱包份额（即将未使用该品牌的客户排除在外）。可以了解同时使用竞争品牌的客户与这些品牌之间关系的强弱。

钱包分配法则的战略问题

一些重要的战略问题直接源于钱包分配法则。

战略问题 1：首先，不考虑竞争，经理就无法对公司进行评估。尽管这听起来似乎显而易见，但现实却是，经理们通常只会根据客户对公司的感性认识来评估自己的业绩。结果，用于评估经理业绩并计算其报酬的目标定位几乎从未以改变企业在竞争中的感性排名为基础。相反，为公司实现某一特定分数才是考核、奖励的基础。

战略问题 2：排名很重要！经理们都知道，第一名终归要比第二名好。但是钱包分配法则却能使经理们轻松确定排名对公司财务的影响。通常，第一名与第二名之间的区别相当大（见图 2—9）。名次上的飞跃会对公司财务产生巨大影响。

战略问题 3：平局有害！钱包分配法则清楚说明了与人分享第一的宝座远远不够。必须给客户一个偏爱贵公司的理由，否则，你就需要与最势均力敌的竞争对手平分客户的钱包份额（见图 2—10）。

战略问题 4：客户使用的品牌越多，品牌的潜力就越小。客户使用的竞争品牌的数量会对其钱包份额产生显著影响（见图 2—11）。三者中的状元一定强过六人中的冠军。因为客户使用的所有品牌都会占据其钱包份额中的一部分。

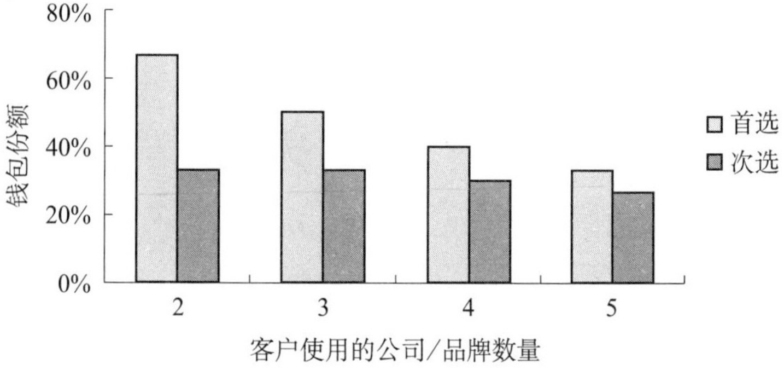

图 2—9 首选与次选之间的巨大差异

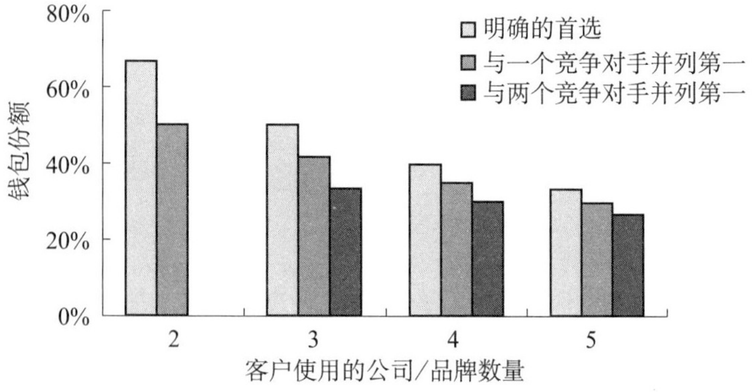

图 2—10 有害的平局

必须给客户一个偏爱贵公司的理由，否则他们就会在贵品牌与最旗鼓相当的竞争对手之间平分钱包份额。

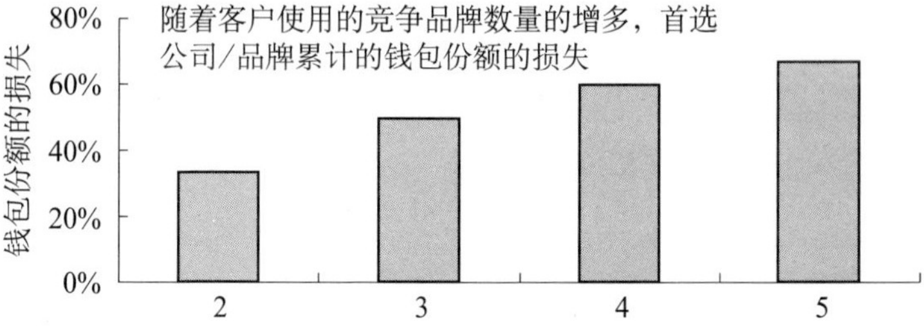

图 2—11　客户使用的品牌越多，品牌的潜在份额就越低

减少客户使用的品牌数量将大幅提升首选品牌的钱包份额。因此，如有可能，在旨在减少客户使用竞争对手品牌的提议中，应纳入自身品牌有别于排名较低品牌的各方面情况。

在如何识别可改善钱包份额的机会这一方面，这些战略问题具有实际意义。用以精确定位此类机会的传统方法常需要回答“如何才能增加快乐感”这一问题。无论是分析客户的开放性调查结果，还是通过统计分析获取显著性，重点几乎总会落到利用公司或品牌目前所提供的服务来改善满意度上。

然而，业绩与可替代的竞争品牌有关。显然，提高满意度很重要。这主要是因为，在某一时刻，满意度的提升会使品牌对客户的吸引力超过竞争对手。但是，仅仅争取改善满意度是不够的，经理还需清楚客户究竟为何要使用各个品牌。他们绝对有理由使用某一类别商品中的多个品牌。因此，旨在提高钱包份额却无法准确解释客户同时使用竞争对手产品缘由的努力，注定会以失败告终。

经理可以收集此类信息，将其作为钱包分配规则调查中的一部分。这一过程不必十分复杂。它可以只是简单地请客户回答下列问题：

> 面对不同品牌时，你选择购买其中一种而非另一种的决定因素是什么？
>
> 当……时，我会选择［品牌 1］。
>
> 当……时，我会选择［品牌 2］。

在了解客户同时使用贵品牌与竞争品牌的原因之后，经理便可确定成为客户首选品牌的决定因素。因为钱包分配法则与钱包份额密切相关，经理可以根据其对公司未来收益的潜在影响确定事情的轻重缓急。

如何提高排名

钱包分配法则的结论之一便是，要想提高钱包份额，就必须提升自己的排名。不过，提升排名与提高整体满意度或净推荐值级别并不相同。提高排名必须尽量削弱客户不得不使用竞争品牌的理由。

遵循下面这个极易上手的流程，便可即刻扩大自己的份额：

(1) 选取在统计学上有效的客户样本，调查他们对贵品牌及其购买的其他竞争品牌的排名。

（2）利用钱包分配法则建立起每个竞争对手的钱包份额。

（3）确定客户中使用各竞争品牌的人数。

（4）计算自客户手中流向竞争对手的收入。

（5）确定客户使用竞争对手的主要原因。

（6）优先考虑可以提高钱包份额的机会：估算处理客户选择竞争对手的各项原因的处理成本，权衡每种情况下的成本与潜在财务回报。如果解决的问题适用于多个竞争对手，别忘了将累积影响考虑进去。

法则应用实例

为了解法则在现实世界中的应用之道，我们来看一则在研究中收集到的案例。一家杂货零售连锁店的管理层在对客户进行调查后发现，多数客户对其购物体验表示满意；根据净推荐值分类体系，53%的客户可归为“推荐者”（就“是否愿意推荐本公司”这一问题，他们给出了9分或10分的评分，10分为满分）。

然而，尽管分数很高，但却只有43%的客户会将该杂货店作为自己的首选。换句话说，57%的客户或是更喜欢去一家或多家竞争对手处购物，或是认为该杂货店与它们不相上下。

为了解这些数据对公司财务的影响，该杂货店用钱包分配法则对流入竞争对手的客户支出进行了计算。为此，首先计算了客户分配给自己的平均钱包份额与竞争对手所获的份额。

随后，因为钱包份额反映了客户分配给某品牌的支出所占的百分比，将钱包份额估算值与客户平均每月的杂货支出和光顾竞争品牌的客户数量相乘。结果表明，排在前三位的竞争对手分走了 4.25 亿美元的客户支出。

为了能够制定措施挽回这笔收入，该杂货商对调查数据进行了分析，以便了解客户消费行为的动因。

公司通过一项分析来确定其净推荐值最重要的助力。分析显示，客户推荐该杂货店的两个主要原因是其农产品的质量与店面的布置。对此，管理层毫不惊讶，因为提供优越的农产品与营造精品店的氛围原本就是该杂货店赖以在竞争中立足的企业定位。

然而，针对排名动因的分析显示，改善这两项特征无法促使客户增加在该杂货店的支出份额。分析发现，客户使用竞争品牌的理由与此截然不同。

其中一家竞争对手的主要吸引力就是每日的低价。另一家也以价格取胜，不过它在很大程度上通过轮流为不同商品提供大幅度的折扣来实现这一点。第三家竞争对手的主要竞争力则在于其便捷的地理位置——市区遍布了大量该品牌的便利店。

如果想让该杂货商在更多客户心目中的排名升至首位，仅仅巩固其强项是不够的；提供更为优质的农产品或是提升店铺的美感也许能进一步取悦那些已经将其作为首选店铺的客户，但却不太可能改变多数对低廉的价格和便利的位置感兴趣的人的想法。

分析清楚地显示，至少在短期内，专注于应对以便利性为竞争优势的竞争对手是不现实的。该杂货店当然无法为了在便利性上与其抗衡而大肆开设新的店铺。

这就意味着，如果它想获得更大的钱包份额，就不得不将重点放在那些以价格优势为主的竞争对手身上。当然，一家购物氛围优良、农产品质量上乘的商店永远也不可能成为价格的领导者——它的运营成本自然会更高。

然而，价格竞争并非公司的目标，降低客户对竞争品牌的需求才是企业真正的目的。

为此，杂货店弄清了客户真正从竞争对手手中购买的商品内容。它保有了良好的客户购物记录，因此很容易便能了解客户购买过的内容。更为重要的是，它还能知晓本应出现在客户的购物篮中但却没有引得他们掏钱购买的商品。同时，它也通过客户调查证实了客户前往竞争对手处所购买的商品。

客户极少在店内购买的商品往往是面包、牛奶、糖和面粉这类日用品。因为日用品间的差异通常较小，它们在很大程度上还是依赖于价格竞争。因此，该杂货店的许多客户选择从售价更为便宜的竞争对手那里购买日用品，此事在管理层引发了共鸣。

同时，它也为管理层提出了一个问题。如果以最低价出售多数日用品，该杂货店就不可能盈利。

相反，它认为，既然店内销售的农产品与购物环境已经引得客户入店消费，自己就应对此加以利用。因为客户既然已经踏入店内，管理层就应该使他们感觉在此购齐所需物品更为经济实惠，并将此设定为自己的目标。然而，杂货店无须为此成为价格的领导者。它没有选择与售价最低的对手竞争，而是将客户最常购买的日用品的价格降了一个相应的水平——降后的价格让更多客户认为，最好在此次购物之旅中完成所有的杂货采购计划。

调查发现，在对价格进行调整之后，49%的客户将该杂货店当成了自己的首选（增长6%）。此外，客户定期前往的平均商店数量从2.5下降到了2.0。结合钱包分配法则，这些变化便可使钱包份额扩大7个点——相当于有6 200万美元从竞争对手的账上转入该杂货商名下。

重要结论

如果决定不再为了其自身的缘故追求单纯的客户满意度，而是转为关注满意度及其他忠诚度因素如何在竞争中帮助自己遥遥领先，许多公司都能实现营业收入的飞跃。

钱包分配法则颠覆了传统的满意度测量方式，将重心由聚焦企业内部的满意度测量方式转至品牌在市场上的竞争地位。

品牌存在于市场而非真空之中，市场才是企业提升业绩的途径。这听起来是基本常识，然而，多数经理在处理满意度和忠诚度指标时总感觉似乎只要达到某一分数便足矣。现实却是，单纯地提高品牌满意度评分几乎无法增加钱包份额，而提高品牌排名却能实现这一点。

钱包分配法则允许你制定一些可以直接影响品牌业绩的战略，随后就其对钱包份额所产生的影响进行测量。

经理们为了改善钱包份额通常都会做些什么？一般而言，他们会提出旨在提高客户愉悦感的计划与倡议，然后以满意度为基础来衡量计划是否取得了成功。

事实上，经理们应该将力气用在了解客户使用各品牌的缘由上。如果贵品牌不是他们的首选，那就找出他们更喜欢竞争品牌的原因。

通过钱包分配法则，经理们就能真正洞悉自己从客户口袋里赚到了多少钱，还有望增加多少收入，以及为了这笔收入需要做些什么。

如果份额的增长是你的目标，那么你就无法通过满意度分值的变化获得多少信息。相反，只有专注于如何在竞争中将对手甩远，才有可能问鼎冠军的宝座。

第三章

实践钱包分配法则

THE WALLET
ALLOCATION RULE
Winning the Battle for Share

李奥贝纳广告公司前主席、首席执行官琳达·沃尔夫曾说过："在抢占市场份额之前，必须首先抓住消费者的心理份额。"这种心态在多数公司制定营销预算时均起到了决定性的作用。公司每年会花费数亿美元来抢占客户的心理份额。实际上，美国电话电报公司与威瑞森公司——美国两家最大的广告商在 2013 年花费了 30 亿美元（每家公司约 15 亿美元）来吸引客户关注其品牌。

当然，这项开支之所以如此庞大，是因为让客户认真考虑是否需要使用某一品牌并不是件容易的事。在改变惯常的购买行为之前，客户首先必须考虑这么做的理由。我们每周都会购买很多商品，因此指望我们就购买的多数商品做出如此这般的思考完全不切实际。若是需要认真考虑购物车中所有商品的替代产品，那就根本别指望能从百货店里出来了。

对多数品牌而言，消费者的购买决定已经成为一种习惯，想要吸引客户就需要一项足以制胜的战略。每家公司都聘请了大量员工，专门负责寻找吸引新客户、留住现有客户、增加其购买量的办法。然而，多数公司依旧增长乏力，由此可见此事不易。

打磨一副新镜片

赢得足以超越对手的竞争优势是一切战略的目的，然而战略优势并不稳定。现代管理的历史已经表明，竞争优势既可以随着时间的推移慢慢建立，也可以在市场新秀超越老牌企业的那一刻赢得。

通往战略成功及市场分化的道路有很多。只有当客户认定战略带来的结果符合他们的利益时，该战略才能获得成功。

未能说服客户相信公司的新战略符合他们最佳利益的案例比比皆是，彭尼公司的传奇故事则是其中备受瞩目的一例。首席执行官罗恩·约翰逊继承了一个以独特的方式赢得了竞争力的老品牌：店铺大小适宜、客户可以通过“叠加”使用优惠券享受公道的价格、驻店品牌给人一种家常感。从驻店品牌、定价战略到品牌形象、店面布局，约翰逊颠覆了公司以往的一切。

然而，对客户而言，最令人不安的变化之一就是彭尼百货就此切换到了“每日公平定价”的模式。这意味着他们再也无法享受叠加优惠券的乐趣，再也无法以 1 折的价格购买 50 美元一件的完美衬衫了。

有趣的是，约翰逊的定价计划减少了客户全年的平均支出。

尽管如此，客户却依旧成群结队地抛弃了彭尼百货，从而导致销售业绩持续下滑，门店纷纷倒闭。约翰逊的结局就此注定，前任首席执行官重新走马上任，随之而来的是他的道歉之旅和传统品牌与定价方式的回归——客户开始逐渐回流。

彭尼百货的故事表明，周密的计划极有可能赢得客户的心与钱包，但也有可能失去这一切。因此，制胜战略的第一步就是真正从客户的角度进行思考。这就需要你站在他们的立场来观察世界。

尽管这听起来似乎很容易，但真正实施起来却并非易事。经理们满脑子都是自己的品牌，但对多数品牌而言，客户只有在被逼无奈时才会去考虑它们。此外，即使客户开始真正考虑某品牌，他们也会比较其他选项。

经理们永远都不应忘记的一条简单法则就是：没有任何客户会故意花钱去感受糟糕的购物体验。每次购物都是消费者自己慎重做出的最佳选择，否则他们就会光顾别处了。

当然，这是显而易见的（或者说应该显而易见）。但奇怪的是，公司通常用以衡量、分析或管理客户体验的方式却完全没有体现出这一点。经理们对待客户数据的方式需要进行根本性转变。

经理们就仿佛是在真空中处理客户指标。当然，他们也许将主要竞争对手作为基准，但实际上他们用以促进和奖励改进的措施几乎都是内向型的。例如，公司经常将实现某一客户满意度或净推荐值水平作为员工奖金的门槛。相比之下，很少有公司会设定业绩阈值，促使公司成为客户在该类别中的首选品牌。

钱包分配法则要求经理以客户为中心。它迫使经理去考虑品牌在每位客户心中的排名。归根结底，要找出让客户减少使用竞争品牌的理由。

运用钱包分配法则

证实钱包分配法则适用于各种文化与各行各业的科学证据无可争议。然而，多数经理并非研究人员。因此，仅凭科学证据行事常常令他们感到不安。此外，科学研究往往既乏味又充斥着令人头晕脑胀的统计数据。尽管如此，研究是唯一可以证明某件东西具有效用的方式。

令人欣慰的是，多数经理都愿意接受钱包分配法则与钱包份额间存在强关联的这一事实。而且很容易便能证明，公司目前使用的指标无法实现这一点。

然而，对经理而言，如何使用钱包分配法则得出不同结论可就不那么显而易见了。针对公司应该做些什么这一问题得到的最终答案，如果与之前没有出入，那么为何还要经历变革的阵痛呢？

使用钱包分配法则体系的经理不会得到相同的答案。这是因为，钱包分配法则分析的核心是理解影响品牌在竞争中相对排名的关键动因，而非传统的满意度或是净推荐值。它还要求经理能够辨认出影响客户购买首选品牌的市场壁垒。（第五章将详细讨论关键动因分析与市场壁垒。）若从这个角度审视市场，便能清楚地发现影响客户决定支出流向的因素究竟是什么。

下面是钱包分配法则在不同国家、不同行业中的范例。每个案例都简要地抓住了以钱包分配法则的框架审视公司及其竞争地位这一本质。这些案例在设计时就是独立的，因此读者可以选取与自己最为相关的那些案例进行阅读。

美国的信用合作社

美国的信用合作社为逾 9 000 万名会员服务。与其他金融机构不同，它们是非营利性的会员所有制公司。然而，总体来说，信用合作社同样可以提供与其竞争的零售银行经营的多数核心业务（结算账户、储蓄账户、存单——这些业务的名称也许会有不同）。

通常，信用合作社的满意度和净推荐值水平要高于银行。事实上，与美国所有的其他行业相比，它们的满意度水平达到了有史以来的最高值。尽管如此，信用合作社吸收的存款额只占全美的 10%。

为了解合作社会员使用多家金融机构服务背后的动因，我们在 2012 年调研了 4 712 位信用合作社储户。结果显示，超过 65%的储户使用了不止一家竞争金融机构的服务。

不出所料，信用社的满意度和净推荐值水平要比与其竞争的银行高出许多。然而，满意度和净推荐值只能解释顾客存款份额差别中的9%（见图3—1）。相比之下，钱包分配法则能解释信用社会员存款分配份额方差中的55%以及信用社/银行层面90%的差异（见图3—2）。

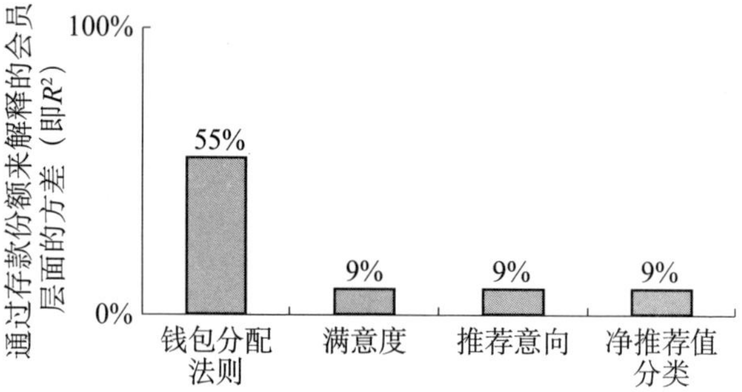

图3—1 各项指标与会员存款份额间的关系

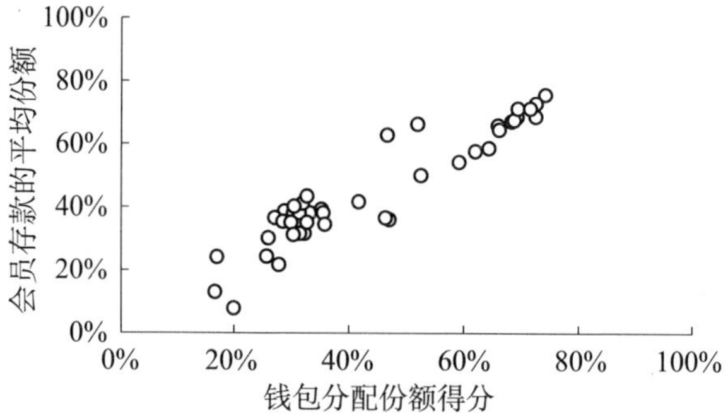

图3—2 （金融机构层面）钱包分配法则与钱包份额之间的关系

随后，我们开展了关键动因分析。这类分析与多数金融机构目前用以寻找可对满意度产生最大影响的因素的方式类似。为了揭示出能最大限度地影响会员对其所使用的金融机构进行排名的因素，我们还分析了钱包分配法则的关键动因。

分析显示，排在信用社满意度驱动因素首位的是公司解决客户投诉的能力。这当然完全合情合理。值得抱怨的问题显然会拉低客户的满意度，问题解决之后势必会对顾客的总体满意度水平产生积极的影响。

但是认真思考后你便会发现，将公司资源倾注在处理客户投诉上未必就能提高信用社的存款份额。实际上，有多少客户会因为一家信用社善于处理投诉而选择它？这不可能是多数客户选择信用社的主要原因。

与此相反，研究发现，最重要的排名（以及最终的存款份额）动因是服务收费是否具有竞争力。与银行相比，费用低廉是信用社的一个显著特点（见图3—3）。

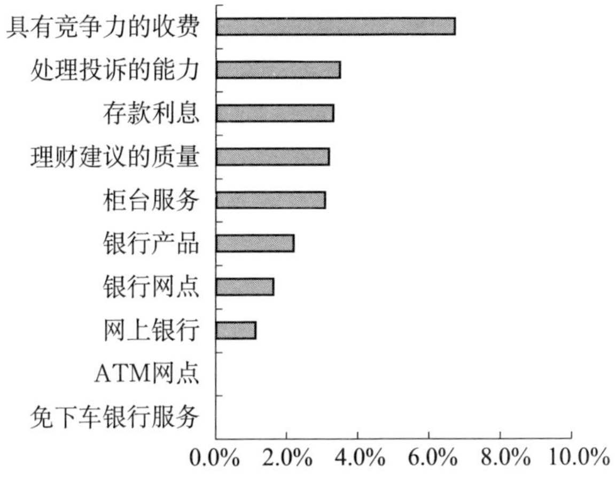

图3—3　信用社存款份额的动因

然而，尽管费用更为低廉、能够更好地解决客户投诉并且享有相当高的整体满意度（和净推荐值）水平，绝大多数信用社客户还是觉得有必要另外使用一家或多家与之竞争的金融机构的服务。一项独立分析揭示了其中的缘由。促使信用社会员将存款份额分给竞争银行的最重要的原因是它们提供的网上银行服务。网上银行是银行较之信用社而言的一个显著特点（见图 3—4）。

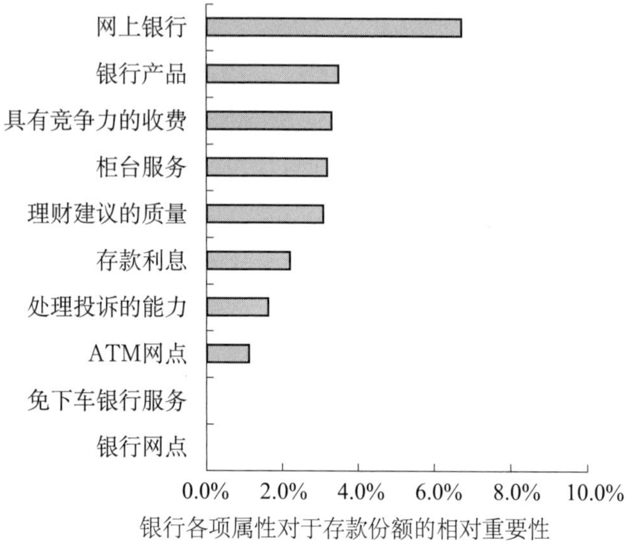

图 3—4 信用社会员使用零售银行的存款份额动因

这个例子凸显了解读在传统满意度框架之外的动因的必要性。传统的满意度分析得到的结论自然就是信用社需要将重点放在信用社内部——信用社的体验（即解决客户投诉）上。如若失败，便会拉低满意度评分并最终影响信用社在竞争对手中的排名。从这个意义上来说，这一发现确凿无疑。然而，这只是整个环节中的一部分。减少投诉并不能降低客户认为自己应该使用竞争金融机构的需求。

即便在掌握了信用社客户在排名时考虑最多的重要动因之后，也许依旧无法全面理解增长机遇。在这种情况下，具有竞争力的收费标准是信用社排名的首要动因。因此，通过调整费用结构或增强沟通来进一步强化这种优势便可扩大信用社的存款份额。

然而，信用社的现行费用已经低于银行。事实上，它们几乎不收取任何费用。因此，几乎没有进一步降低费用的可能——除非它们愿意倒贴钱请客户使用自己的服务。问题的重点便在于，仅仅继续打磨已然做得很好之事是无法实现业务增长的。

只有在研究了公司客户群分配给竞争对手的钱包份额背后的动因之后，机会最大的领域才会浮出水面。客户不会无缘无故地使用别的品牌。信用合作社并未提供网上银行的服务，而商业银行正好填补了客户的这一需求。这就表明，消除客户使用竞争对手的需求便有可能获得最大的市场份额。

因此，尽管鲜有哪些行业能在满意度上接近信用社的水平，但是赢得存款份额需要削减银行在对信用社会员而言极为重要的领域中所具有的优势。幸运的是，这一点切实可行。而且这种做法的经济回报值得为此付出努力。我们的研究发现，对于同时使用多家金融机构服务的合作社储户而言，平均 25 414 美元的存款流向了与其竞争的金融机构。

加拿大的快餐店

加拿大的快餐市场与许多西方的快餐市场类似：竞争异常激烈，许多全国性的连锁店与规模较小的地方性零售店相互争夺市场份额。由于选择范围广，充分利用可促进钱包份额的那些重要因素对业务增长来说势在必行。

许多快餐连锁店采用的是以净推荐值或满意度为基础的客户测量程序，目的是趁着客户的记忆依旧新鲜之时对其店铺体验进行跟踪。调查邀请已成为客户收据中不可或缺的一个部分；收据上的通知会为顾客提供一个网址或电话号码，这些调查总是要求客户就食品质量、服务速度、可达性、客户服务、员工的礼貌程度及其他类似属性进行评分。

为改善单家门店的状况——解决影响特定门店的问题（如“这里总是不干净而且永远也无法停车”）——以及可能影响到全国门店的结构性问题（如“不论走到哪里，你们卖的鸡蛋三明治永远都不好吃”），需要定期分析这些调查结果。

这些调研项目甚至有可能将重点集中在那些曾在店内遭遇不愉快经历的客户身上。快餐店会致电评分较低的客户以确定能否恢复客户关系。有关糟糕的店铺体验的故事很多，比如，当首席客户官联系了一位气急败坏的客户，为他们糟糕的服务道歉并向他提供了一张可免费享用一餐的小面值优惠券之后，将该客户转变为终身客户。

通常，这些调查项目的结果会反馈至每家店铺的经理，以便其采取直接的战略行动（如电话回访客户）或更大规模的举措（如提高某特定门店的清洁度）。这些项目可以帮助经营管理层以一种可以衡量的方式集中采取行动、提高业绩，可以说是无价的。

这些项目也存在缺陷：评级系统无法准确地预测未来的客户行为或是提醒总公司的管理层那些能够影响市场中支出份额的因素。因此，若想了解花在改善上的投资能否收获巨大回报，除事务性研究外，快餐店还需在另一层面上确保自己的研究同时兼备战术性与战略性。

2014 年对加拿大 5 家全国性快餐连锁店进行的独立基准研究清晰地显示了将满意度作为唯一测量方式的缺陷。

为证明这一点，我们隐去了品牌的名字，以便读者专心研究数据。图 3—5 列出了每个品牌在不同领域得到多大比例的满意评价（既满分为 10 分时，打 9 分或 10 分的客户百分比），由此可知它们各自在特定领域的优势与劣势。

	客户服务	便捷程度	菜单范围	令人愉悦的环境	可达性（停车场与免下车服务）	速度
品牌 1	42%	37%	48%	42%	39%	39%
品牌 2	28%	39%	29%	28%	33%	31%
品牌 3	41%	51%	31%	41%	34%	35%
品牌 4	27%	14%	5%	36%	4%	9%
品牌 5	42%	57%	45%	45%	36%	52%

图 3—5　各品牌赢得的满意评价

单看数据，品牌 4 也许会认为自己需要改进菜单范围与可达性。同样，品牌 5 可能会得出自己在便捷程度和速度上具有优势，并且稍加改善便可成为可达性上的佼佼者。

传统的关键动因分析在解释客户满意度时概述了每种属性对此作出的贡献。影响分值越高，它在创建客户愉悦度时就越重要。

根据这种传统的分析方式，品牌 1 和品牌 5 会认为扩大菜单范围是它们最应关注的领域；品牌 3 会认为自己需要给予环境、便捷程度与客户服务同等的关注，而分配给速度、可达性和菜单范围上的资源则可以相对较少。

最开始的问题是满意度与钱包份额（即实际业务成果）间的相关性相当低。显然，消费者的选择在很大程度上基于满意度之外的因素，因此，如果在改善业绩的过程中以满意度数据为指导，无疑将提升客户满意度，但未必会改善财务状况。

以品牌 3 为例，环境、便捷程度与客户服务是其满意度的关键动因。然而，如果用钱包分配法则来理解钱包份额的动因，则会展现出一幅截然不同的画面。财务成功的关键变成了便捷程度、客户服务、速度与可达性（见图 3—6）。

当我们揭晓品牌 3 的真实身份是 Tim Hortons 时，这一切就完全合乎情理了。Tim Hortons 是一家无处不在的快餐与咖啡连锁店，也是加拿大最大的餐饮供货商，在加拿大境内拥有 3 588

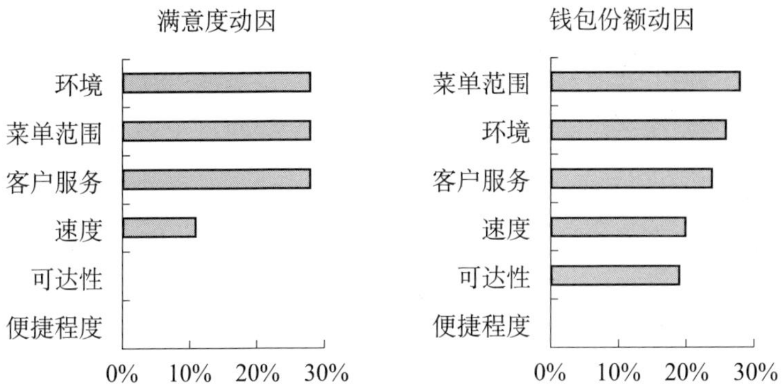

图 3—6　Tim Hortons 的满意度及钱包份额动因

家门店。换个角度来看，大约每 9 700 名加拿大人便可享有一家 Tim Hortons 门店的服务。相比之下，大约每 44 700 位美国人才拥有一间 Dunkin' Donuts 门店，而每 53 800 名英国人拥有一家 Costa。

尽管咖啡与甜甜圈是 Tim Hortons 的招牌产品，但是客户在选择进店消费时，对店铺的便捷程度和销售实力的考量并不亚于食品质量。

与 Tim Hortons 类似，所有品牌都曾感受过使客户满意与将其转变为回头客之间的鸿沟。当然，就 Tim Hortons 而言，逊色的客户服务体验会拉低总满意度——失去极具竞争力的排名——迫使客户考虑移步他处。

然而，改善满意度最终只是其中的一个方面，了解钱包份额的动因才能确保企业制定出正确的措施，在公司计分卡上记上漂亮的一笔。

英国的零售银行

与全球许多其他的发达市场一样，消费者通常会选择多家企业的服务也是英国零售银行市场的一大特点。然而，尽管客户同时选择多家银行服务的比例很高，但银行业务关系往往呈现出典型的高度惰性。2012 年，只有 2.8%的英国零售银行客户更换了活期存款的开户行。

若想了解形成这种惰性的根源以及对更改银行业务关系的客户产生影响的推动力与吸引力，我们可以用钱包分配法则进行分析，确定能对客户选择产生影响的因素。

2012 年，为了更多地了解客户与企业之间的关系，我们针对英国银行客户开展了一项研究。研究的目的就是调查各大品牌在该类别中相对位置的稳定性。

劳埃德 TSB 银行是当时市场上的最大品牌，尽管自 2008 年英国政府干预银行业市场后，它依照欧盟委员会的法律裁决拆分为了两个品牌；这一点稍后再谈。

研究进行之时，44%的劳埃德 TSB 银行客户表示自己只选择了该银行的服务。这就意味着，余下的多数客户（56%）在不同的机构中开立了多个活期账户。在这些人中，只有少数（占总客户的 13%）认为就总体满意度而言，劳埃德 TSB 银行高于其他机构。这表明，尽管它在银行业市场上占据了领先地位，但也不能无视任何客户关系。

在拥有多个活期账户的56%的客户中，超过3/4的人认为劳埃德TSB银行的表现与其竞争对手持平或不如对方。尽管它拥有辉煌的历史与较高的市场地位，但是其可能造成的客户收入损失依旧极其明显。

在劳埃德TSB银行的竞争对手处开立账户的客户所占的比例进一步证明了市场竞争的激烈程度，强化了市场中的竞争挑战（见图3—7）。

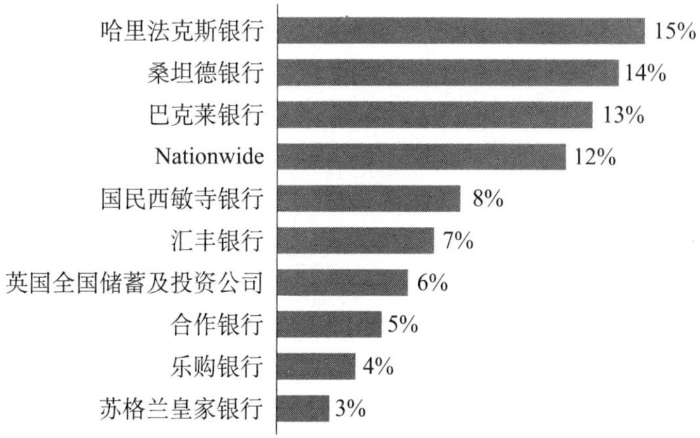

图3—7 使用其他银行的劳埃德TSB银行客户的比例

鉴于在多家银行开立账户的客户给予竞争品牌的评分不低于劳埃德TSB银行（多数情况下，竞争品牌的得分更高）的可能性相对较高，钱包分配法则的分析表明，可以改善财务结果的最有效的方法是确定能够提升满意度排名等级的业绩改善举措。

为了促进这项工作，我们利用钱包分配法则的关键动因分析来确定以下方面的内容：

1. 能对劳埃德 TSB 银行客户的钱包份额产生最大影响的领域（可定义为，属性均值增加可以提高劳埃德 TSB 银行相对于竞争对手的排名的领域）。

2. 对劳埃德 TSB 银行的客户保有率影响最大的领域（可定义为，均值增加后将产生影响，但却无法提升排名的领域）。

图 3—8 列出了改善某一特定属性的表现将对劳埃德 TSB 银行较之竞争对手的单项评分所产生的相对影响。这些数据将被分解为对钱包份额与客户保有率的影响这两部分。

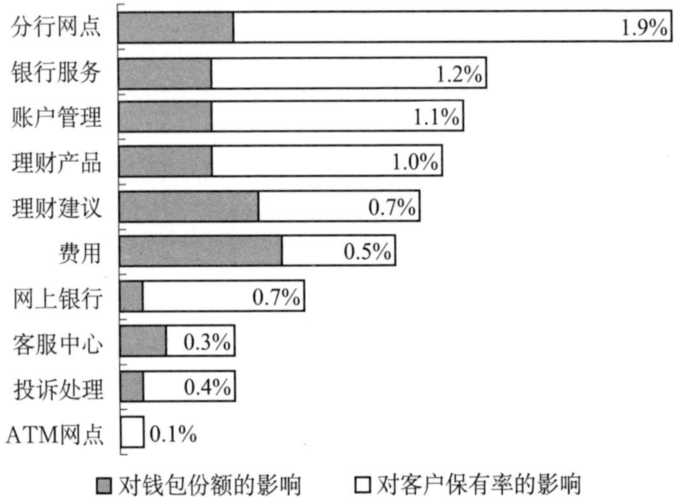

图 3—8　对客户保有率与钱包份额来说，分行网点极其重要，然而如果在费用与理财建议方面进行改善，扩大钱包份额的机会则最大

在图 3—8 列出的所有动因中，分行网点对劳埃德 TSB 银行满意度排名的整体影响最大，对于客户保有率来说尤其重要。当时，劳埃德 TSB 银行拥有分布最广的网点，能否找到当地网点则是能否留住客户的关键因素。这尤其值得注意，因为不同于美国及世界其他地区，英国银行不会在 ATM 上收取跨行手续费。因此，ATM 网点的影响较低，进一步凸显了网点员工及其服务在劳埃德 TSB 银行客户服务中的核心地位。

然而，随后发生的一连串事件却削弱了它的这项关键性竞争优势。2008 年欧盟委员会迫使劳埃德 TSB 银行进行品牌拆分，致使其关闭了 631 家分行，裁减了 8 000 名员工，损失了 500 万名客户和 800 万个账户。2013 年 9 月，劳埃德 TSB 银行拆分为劳埃德银行与信托储蓄银行，劳埃德银行的分行网点因此减少了 32%。

在此之前，在客户对于转移账户时难易程度的感受这一点上，劳埃德 TSB 银行是最大的受益者。如果对“转移账户时所受的阻碍”加以量化，其相对重要性不容小觑（见图 3—9）。

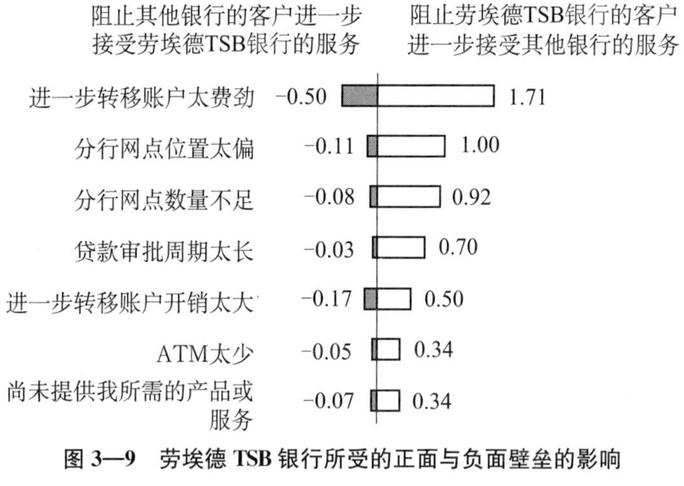

图 3—9　劳埃德 TSB 银行所受的正面与负面壁垒的影响

一旦在银行间转移账户时所面临的最大障碍不复存在，对许多客户而言，第二大障碍（分行位置的便捷程度）也在劳埃德银行与信托储蓄银行分家之后同样消失殆尽。

为鼓励英国个人活期存款账户市场的竞争性，协助克服消费者间明显存在的惰性，英国支付委员会——一个为支付机制的发展制定策略的英国金融机构组织——于 2013 年 9 月推出了一项全新的“账户转移服务”。该服务得到了活期账户转移保证书的支持，旨在“使用户能以一种简便、可靠、无忧的方式将活期账户转移至另一家银行或建房互助协会”。

就如同美国的手机号码移植体系使个人用户摆脱了与单一运营商之间的绑定一样，这种方法消除了有利于多数资本主导型机构的结构性障碍。

活期账户转移保证书最终将原本需要六周才能完成的账户转移流程缩减至一周。尽管整体的活期账户转移水平仍然相对较低，但 2014 年 1—6 月的活期账户转移量同比增长了 16%。这或许表明，待到市场平静之后，可移植的客户关系也许会影响未来的增长。

桑坦德银行及时抓住了这个扩大市场的机遇，在英国推出了一款增值的活期账户产品——123 活期账户，从而激活了一项重要的“拉动”因素，并且鼓励银行客户转移自己的账户。截至 2014 年 7 月，已有 20 余万名客户将活期账户转至桑坦德银行。

我们在 2012 年为劳埃德 TSB 银行所做的潜在挑战分析中就

曾将桑坦德银行定为最有可能撼动劳埃德TSB银行市场领先地位的挑战者之一（见图3—10）。该预测在2014年桑坦德银行吸引力升级之后依然有效。劳埃德银行在2013年第四季度损失了103 704位客户——这是顶级银行中最为严重的净损失。

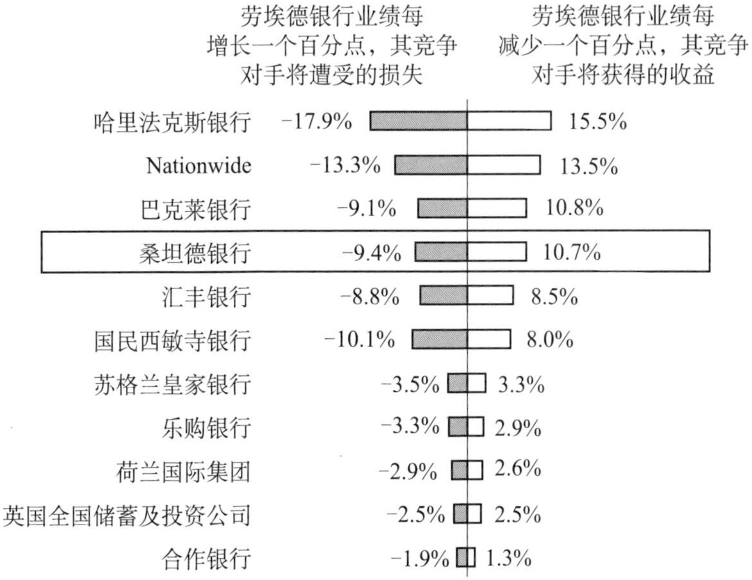

图3—10 劳埃德TSB银行的业绩变动对其竞争对手的潜在市场影响

智利的药品零售业

智利的药品市场高度集中，三家主要的药品零售企业占据了市场的主导地位：（1）拥有40%市场份额的Farmacias Cruz Verde；（2）占据30%市场份额的Farmacias Ahumada；（3）享有25%市场份额的Salcobrand。这三家企业的手中共握有约95%的药品销量（相比之下，美国位列前三的药房仅占据了50%左右的市场份额)。因此，90％的智利人会在其中的一家或多家连锁药店中购买药物。

然而，药品零售企业在 2008 年被控合谋抬高了高需求药品的价格，整个行业遭受了巨大打击。因此，整个行业的形象从治疗师转变成了操控者。三大药品连锁店的品牌形象因此受损。

为理解此次打击对该行业所产生的长短期影响，我们利用钱包分配法则的框架对市场进行了检验。作为比较，我们还测量了用以提高业绩的传统措施，以便确定法则的相对效力。

尽管三家最为强大的公司渗透率极高，我们仍有必要通过市场研究来确定客户是否给予了这些大品牌惩罚。传统的研究分析表明，最初，这些大公司确实面临严峻的局面（见图 3—11）。

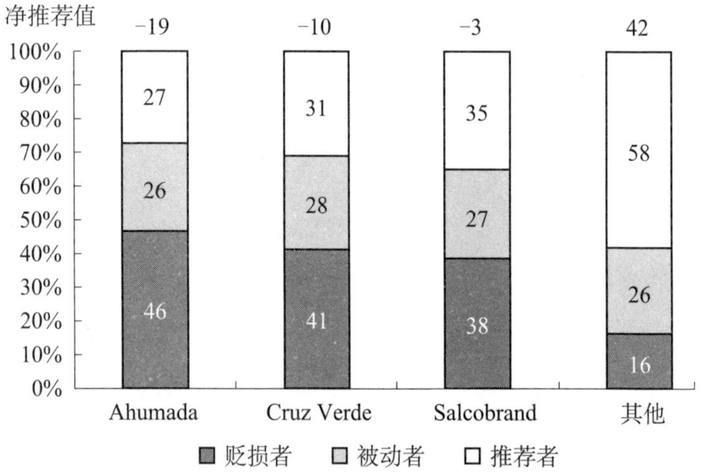

图 3—11 三大药店的客户中，贬损者均占极大比例

根据净推荐值水平，三大公司正在迈向深渊。相比之下，小型地方药店（仅占有 5%的市场份额）的表现则更为出色。这些结果使人们相信，这些大公司很快便会陷入丢失市场份额的大麻烦之中。

然而，强有力的证据表明，尽管合谋抬价丑闻确实重重打击了每家公司的形象，但三大药店的销售业绩依旧十分出色。为了解为何（从销售的角度来说）丑闻并未带来严重后果，我们使用钱包分配法则确定了客户钱包份额分配的动因。在将钱包份额与净推荐值的动因进行比较之后，我们发现了两者间的显著差异。

排在三大公司钱包份额动因首位的内容随着其各自独特的经营模式各不相同。例如，Cruz Verde 的钱包份额主要由三项内容决定：具有竞争力的价格、库存情况以及店铺的位置。然而，用以解释净推荐值的模型却认为，根据钱包分配法则所得出的这三项因素中，有两项几乎无甚效用（见图 3—12）。

多数小型竞争药店并不在客户的考虑范围之内，因为它们无法在门店位置与所需药品的库存上与 Cruz Verde 相匹敌。因此，即便这些小型药店享有更高的净推荐值水平也无妨。它们无法满足推动 Cruz Verde 的客户药品支出份额的最重要的标准。

基于钱包分配法则分析的结果，很容易便能发现丑闻影响了客户满意度水平，但三大药店因此受到的冲击力度相同。因此，以净推荐值的平均水平为基准就不太可能对未来的钱包份额提供有益见解。这在很大程度上是因为净推荐值的动因无法预测钱包份额。这并不意味着拥有一群乐意推广品牌的满意客户不重要，只不过，如果你的目标是增加客户消费，钱包份额动因会更为重要。

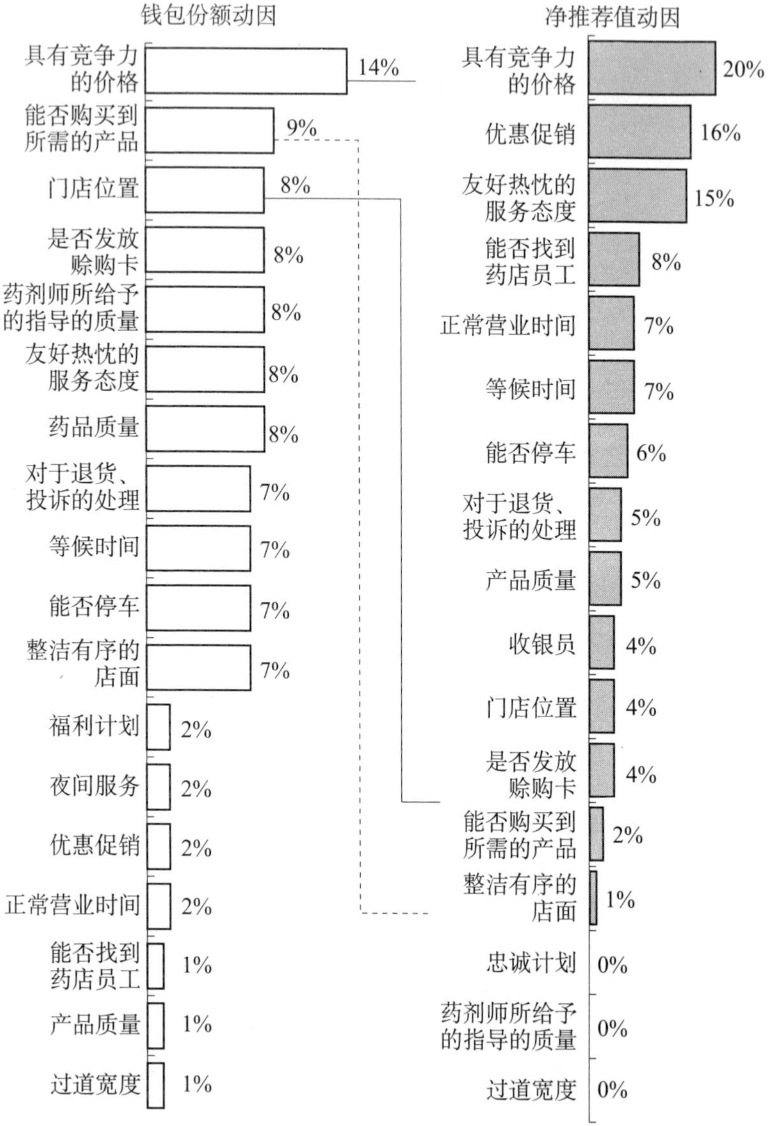

图 3—12　Cruz Verde 钱包份额动因与净推荐值动因的比较

法国的 DIY 零售业

法国的 DIY 家装市场十分完善。2004—2012 年间，整个市场增长了 21%。尽管全球市场均受到了经济危机的困扰，2013 年的行业增长率较为平稳，但 DIY 材料依旧是家居用品支出中最大的部分。每年，消费者花费在 DIY 上的家庭支出平均为 800 欧元（约合 1 000 美元）。

这些数字证明了该行业具有极大的适应力，这很大程度上是因为 80%的法国人认为自己是“坚定的 DIY 人士”，他们乐于在可控的预算范围内完成家庭的修缮与装饰工作。建筑、木工、专业承包商以及在市场上打零工的人构成了行业的核心基础，而 DIY 客户群的扩大则增强了这种业已稳固的基础。

随着近几年竞争激烈的 DIY 零售环境的出现，专业零售商开始在法国各地扩张。平均而言，一个法国人每年会定期前往三家不同的 DIY 连锁店。(相当于八成的美国成年人在类似于家得宝、劳氏与真值公司等三家不同的 DIY 商店中购物。)

法国人访问量最大的 DIY 零售店分别是：（1）占有 37%市场份额的乐华梅兰；（2）拥有 19%市场份额的 Castorama；（3）享有 14%市场份额的 Brico Dépôt；（4）占据 12%市场份额的零活先生。四大零售商共抢占了市场总额的 82%，由此表明这是一个高度整合的市场。

客户会前往多家 DIY 商店，这清楚表明，他们绝不会钟情于某家特定的零售店。而且，因为每家零售商所获的满意度评分大致相同，满意度并不是一个有意义的差异点。必须指出，DIY 行业在令客户满意这方面确实比其他零售商做得好——该行业的平均总体满意度（7.5）超越了零售业的整体均值（7.1）。在观察了零售商的满意度动因之后，我们发现每家零售商的动因都大致相同：销售的产品范围是满意度的主要动因。

因为主要品牌的客户满意度不相上下，这显然就无法解释品牌间在销售总额上的差异——市场份额的领导者乐华梅兰的销售额是排名第三的 Brico Dépôt 的三倍，满意度显然无法解释这种差距。

然而，只要观察了钱包份额动因就能清楚地发现，每家零售商都有其吸引客户的独到之处（见图 3—13）。

以乐华梅兰为例，优质服务，尤其是它所提供的咨询意见与客户支持有口皆碑，因此从竞争对手中脱颖而出；乐华梅兰的 DIY 培训、视频、文献中心以及每周七天开放热线极为知名。不过请注意，尽管乐华梅兰占据了市场的领导地位，但是其客户同样会前往其竞争对手的商店消费。这一点很重要。

Castorama 赢得商机的基础是其便捷的地理位置。在这方面，乐华梅兰绝对不可能进一步与其竞争，因为兴建新的基础设施困难、费时且耗资巨大。然而，Castorama 则很有可能通过改进其客户服务成为乐华梅兰最大的威胁。

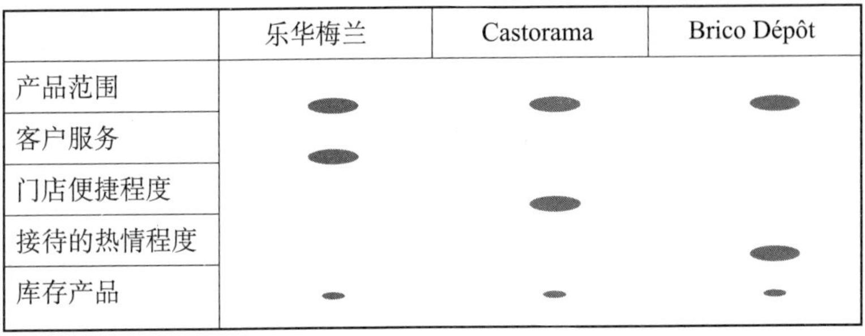

图 3—13　法国顶级 DIY 零售商的钱包份额动因

Brico Dépôt 之所以能够获得客户的青睐是因为它敞开大门欢迎那些想要寻找一家针对懂行的 DIY 人士与专业人士的商店。它产品范围广泛，销售价格低廉。然而，这种竞争实力却被其较低的产品可用性以及门店的周边环境所抵消，从而使得乐华梅兰与 Castorama 均有机会通过吸取 Brico Dépôt 目前的优势来赢回更多的客户。

显然，竞争的格局远比仅仅通过满意度动因所能见到的更具动态性。对于钱包份额动因的了解则表明，若三大零售商之一将重点进行转移，分析客户认为必须使用竞争对手的产品的原因，并削弱这一感觉，法国的 DIY 市场就很有可能产生震荡。

墨西哥的杂货零售业

在过去的 10 年间，墨西哥的超市行业发生了翻天覆地的变化。其中最值得关注的一点是超市的零售业态与店面布局转向大型商场，这业已成为一种必须紧紧抓住的潮流。

这些新的零售业态明显大于传统的竞争对手。在很大程度上，门店便捷的位置是后者制定战略的基础。然而，在应对竞争时，传统的杂货零售商，包括超市和小型便利店，更新了自己的商品。

在墨西哥，拥有较大市场份额的连锁超市共有四家：沃尔玛是覆盖范围与市场份额（47%）的双重领导者，随后便是 Soriana（18%），Comercial Mexicana（10%）以及 Chedraui（9%）。2013 年，沃尔玛在墨西哥全境与中美洲开出新店，呈现出持续的增长态势；同时，它在 2013 年 6 月推出了电子商务平台。Soriana 的形象因 2013 年的一些政治问题而受到损害，但是它设法保住了良好的财务状况。同时，Comercial Mexicana 在 2013 年经历了严重的金融危机，前景不甚明朗。最后，作为一家从墨西哥东南部发展起来的零售商，Chedraui 则将门店拓展到了全墨西哥的大部分地区。

为了解这些公司之间的竞争格局以及一般消费行为，我们于 2014 年在墨西哥消费者间开展了一项研究。调查结果指明了存在于零售业态之外的市场分化与客户行为背后的各种耐人寻味的原因。

根据钱包分配法则的预测，有关客户满意度和市场份额之间关系的初步观察显示大型杂货零售商的满意度要比其小型竞争对手低很多。这是因为杂货零售商的市场渗透率越高，需要接受考验的市场规模就越大。由于客户群各不相同，它的整体客户体验会更不愉悦，从而拉低了其满意度水平。

此外，尽管市场份额较高，这些大型零售商的客户往往会从多个零售商那里购买食品杂货。例如，沃尔玛与 Chedraui 所占的市场份额存在显著差异，客户分配给两个品牌的杂货开支却几乎相同——分别为 36%与 37%。

不出所料，沃尔玛钱包份额的主要动因是价格。然而，沃尔玛在价格上的区分度已经十分完善，因此，将重点放在进一步降低价格上很可能会收效甚微。

相反，沃尔玛需要明确其客户认为有必要前往其竞争对手处购物的原因。在墨西哥，竞争对手份额的动因与在美国存在显著差异。沃尔玛因为缺乏泊车位与产品范围不广正在失去墨西哥客户的钱包份额。虽然车位问题也许只是一个次要的问题，但是糟糕的停车体验会阻止客户进店进行一次性的小规模采购。因此，这些客户转向了较小的便利店。加之沃尔玛能够成功地实现附加消费（即原本为了购买某件商品而进店的客户最终购买了额外的商品），停车问题造成的销售损失显然不止表面看起来的那些。

同时，沃尔玛还在将市场份额拱手送给其大型超市竞争对手，因为它无法提供客户所需的所有产品。尽管在产品的丰富程度上与大型超市相媲美似乎超出了沃尔玛的战略愿景，但是增加客户所购买的杂货数量显然是其所用期望的。我们的研究结果表明，沃尔玛应该明确客户在别处购买的商品内容，进而确定可用以增大客户购买量的新产品。

调查清楚地表明，公司业务的传统动因未必代表着增加份额的最佳机会。对墨西哥的沃尔玛而言，理解究竟什么原因促使客户前往竞争品牌处购物，并以此为基础尽量减少竞争对手的优势，这一做法是扩大钱包份额的最佳机会。

德国零售银行

零售银行业务在德国是一个成熟的业务，几乎所有成年人都会与银行打交道。德国拥有 2 000 家商业银行、36 000 个网点以及约 55 000 台自动柜员机，它们为大约 6 600 万名成年零售客户提供服务。这些银行共同管理着 30 900 亿欧元（约 42 300 亿美元）的存款。尽管有调控，银行之间依旧竞争激烈，利润管理往往构成了一项挑战。

除现有的竞争水平外，德国人口的增长趋于平缓。银行必须争取更多的市场份额，没有不断增长的潜在客户群成为新客户，意味着只能通过从竞争对手那里撬走客户或从现有客户那里争取更大的钱包份额才有可能实现增长。

德国银行业中存在“三大支柱”：储蓄银行、合作银行及私人银行。2008 年的金融危机过后，《经济学人》曾评论道：“到目前为止，其中的两大支柱——423 家储蓄银行与 1 116 家合作银行，几乎毫发无损地走出了危机。”

尽管针对在金融危机期间困扰其他金融机构的不良贷款问题，《经济学人》的评估并未出错，但德国储蓄银行与合作银行所面临的竞争现实却不像杂志所说的那般光明。

储蓄银行与合作银行一起管理着一张庞大的银行网络，但是这张由遍布德国全境的 2.5 万家营业网点构成的网络却在不断缩水。请注意，多数情况下，这些机构之间不会相互竞争。这一点很重要。多数储蓄银行与合作银行将重点放在了银行的所在地；区域性储蓄银行间不会争得头破血流，而合作银行也往往不会跨越各自的界线一较高下。

在过去的 15 年间，直销银行（即网上银行）已聚集了 1 300 万名客户，其中许多人依旧是当地储蓄银行或合作银行的客户。今天，1/3 的储蓄银行客户至少选择了一家其他银行的服务——多数情况下，这是通过直销银行或小型消费者金融服务商实现的。

储蓄银行与合作银行的客户满意度位居德国金融机构前列。然而，尽管享有更高的满意度评分，它们的客户业务正在流向与其竞争的新型直销银行。

一方面，客户选择储蓄银行与合作银行的原因大多是因为它们的网点地理位置便捷、能够提供优质的传统银行服务，并且可以实现多渠道访问账户。另一方面，它们的网络竞争对手的钱包份额动因则是一流的产品和服务以及至善至美的账户管理。

直销银行已经认识到，要想获得更大的客户钱包份额，就必须努力胜过储蓄银行与合作银行的一些竞争优势。为此，直销银行将产品延伸至高周转率的短期产品（消费金融、投资账户与支付）之外，将主支票账户、储蓄账户与抵押贷款等商业银行产品囊括进来，这些均是储蓄银行与合作银行的“地盘”。

显然，储蓄银行与合作银行必须努力保持在这些核心银行服务上的优势。若想获得更大的钱包份额，储蓄银行与合作银行就必须找到客户使用直销银行的原因。这就意味着要提供最先进的网上银行、账单支付和资金转账服务，而且必须表现得无可挑剔。当然，即便是对于世界上最为成熟的一些金融机构而言依旧是知易行难，因为更优质的交割意味着必须在网点服务与网络渠道间做好衔接。

对储蓄银行与合作银行来说，令人欣慰的是目前有三个重要的市场壁垒限制了直销银行对客户的吸引力。这就造成了直销银行的钱包份额相对较低（30％左右），而将其作为“主要银行”的客户数量则更少。

首先，直销银行提供的服务广度不足以使其成为一体化的金融机构，这个缺陷导致10％～15％的客户无法进一步在直销银行开展业务。

其次，约有25%的客户表示，附近没有直销银行的网点是限制他们进一步与直销银行开展业务的原因。当然，随着人们对远程银行接受度的提高，预计这一障碍的重要性将会下降。

最后，超过20%的直销银行客户只在银行存入了部分资金，因为它们没有足够的ATM。在德国现金仍然是一种重要的支付工具；即便不支取现金，人们也想知道自己能否在需要时取到现金。然而，最近的一项变化也可能会削弱这一障碍。最大的直销银行已经与维萨合作，允许其客户从带有维萨标志的ATM上免费取现。

德国银行市场激烈竞争的现实凸显出其简单依赖客户满意度的问题。客户可以在对银行服务高度满意的同时仍将业务交给其竞争对手。只有在了解公司及公司客户同时使用竞争品牌的钱包份额动因后才能解决这个问题。

它还表明，成熟市场——如德国零售银行市场，也无法从份额变动中幸免。显然，市场仍在发展。网点集团试图将其庞大的基建投资转化为收益，而直销银行则努力通过采取新颖的方法来克服市场壁垒。即便互联网已出现了几十年，它依旧在迫使着德国零售银行业这类成熟的行业继续在钱包份额的竞争中不断创新。

巴西的杂货零售业

巴西的杂货零售业由相互竞争的许多地区性小型连锁店、大型全国或国际连锁店以及一两家折扣店组成。由于最大的超市规模较大，它们能够满足客户在购买食品杂货之外的更广泛的需求。例如，除了食品杂货之外，大型零售商还销售药品、烟草与彩票，可以加油，支付水电费与通信费等。

因此，像 Extra、家乐福超级卖场、沃尔玛以及 Dia 等大型连锁店对 Cooperative de Consumo（即人们熟知的 Coop）等小型杂货零售商构成了有力的挑战。Coop 在巴西圣保罗周边的 10 个城市开设了 28 家门店并拥有超过 150 万名会员（成为会员后可以享受特殊折扣及其他优惠）。

相对于其他较大的杂货零售商，Coop 的客户满意度评分很高。然而，问题是高满意度无法转化为客户行为上的高度忠诚。绝大多数 Coop 客户都会前往多家杂货零售商购物。事实上，77%的 Coop 客户会前往至少一家其他品牌的杂货店，而 40%的客户则会去至少两家竞争对手处购物。这种分散忠诚的最终结果就是每位 Coop 客户在杂货上的支出中有 45%流向了一位竞争对手的手中。

在调查了 Coop 满意度的动因后发现，排在满意度动因前四位的分别是价格、药店（每家门店均设有一家）、商品种类与质量以及 Coop 的会员身份。当然，价格往往是满意度最重要的动因之一。此外，如果 Coop 可以大幅降价，对价格敏感的客户无疑会增加在 Coop 的消费量。然而，作为一家小型合作杂货零售商，Coop 进一步在价格上做出让步的余地极其有限。

当我们使用钱包分配法则来准确地确定客户认为有必要前往竞争对手处购物的原因（即钱包份额动因）时发现，最重要的原因竟然是店铺的氛围与清洁度（尤其是店面布局与卫生），而这一问题甚至没有排进满意度动因的前六名！

根据钱包分配法则分析所得的结果，Coop 显然真正有机会赢得更多客户的业务。然而，如果被误导着将重点仅仅放在满意度上就无法获得有关如何扩大钱包份额的必要见解。当然，满意度显然十分重要。然而，对 Coop 而言，提高满意度的最佳机会——进一步降低价格代价高昂，而且低价销售时所增加的销量能否抵消利润的损失还未可知。相反，Coop 有机会通过增强完全在其掌控之下又无须进一步降价的方面来增加客户的消费水平：店铺的外观以及商店带给客户的感受。

中国的零售银行

中国的零售银行市场由各类银行组成，其中包括国有银行、股份制银行、城市银行、农村银行及外资银行。5 家国有银行的市场领导地位正受到其竞争对手的严重威胁，而此时恰逢市场条件发生了重大转变：利率市场化改革、经济增速放缓、利润率下滑以及以服务为导向且积极扩张的外资银行的出现。

在中国，你很难清楚地辨明客户将钱存在了何处以及他们为什么这么做。这种显著的未知性使得客户关系管理日益成为旨在吸引客户存款和投资的银行竞争战略中的重要因素。

不过，多数客户关系管理方式的缺陷就在于，它们无法专注于正确的关键绩效指标。因此，就算并非毫无胜算，但若想实现真正的财务成功十分艰难。总的来说，传统的方法将重点放在满意度上，反倒忽视了主要的目标：赢得更大的钱包份额。

为了解客户决策的动因，我们研究了中国的零售银行。被调查的主要银行包括招商银行（一家股份制银行）以及五家国有银行：交通银行、中国银行、农业银行、工商银行以及中国建设银行。

从传统的客户关系管理角度来看，相对于竞争对手而言，工商银行明显表现不佳，因为它的平均满意度水平在主要银行中排名倒数第二。然而，从市场业绩的角度来说，工商银行的钱包份额却是所有大型银行中最高的。

显然，满意度无法在中国的零售银行业中预测钱包份额。图3—14清楚地表明了在中国最大的银行中满意度与钱包份额的关系较弱。通过对所有被调查的银行进行观察，我们发现两者间的相关性是微乎其微的0.052。在普通人眼里，这就意味着超过99%的钱包份额差异完全无法通过客户满意度水平加以解释。相比之下，使用钱包分配法则可以带来极强的相关性，0.924（最大的可能是1.0）。

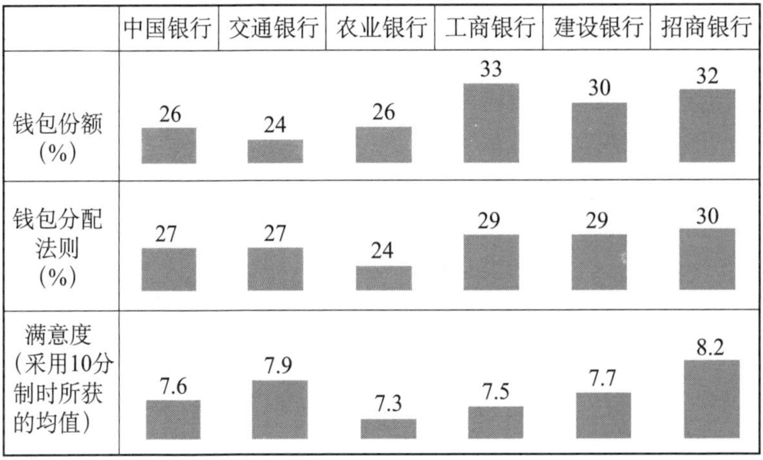

图 3—14　在中国最大的银行中满意度、钱包分配法则和钱包份额之间的关系

甚至更为严重的问题是，因专注于满意度动因而无法改善钱包份额的可能性最大。图 3—15 显示了在中国的银行业，满意度动因与钱包份额动因显著不同。

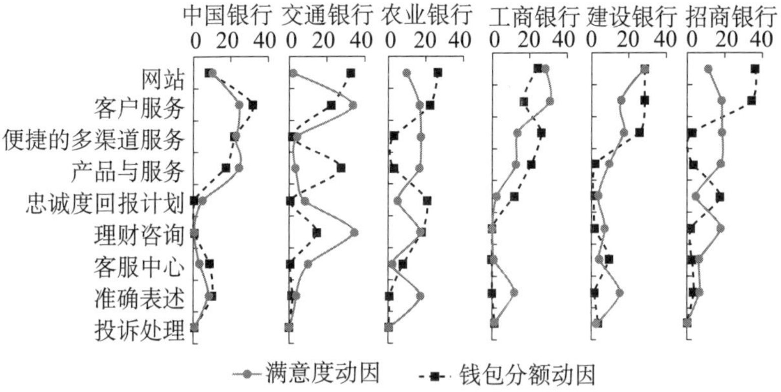

图 3—15　在中国最大的银行中，满意度动因与钱包份额动因之间的比较（%）

在对结果中所出现的这些方法间的鲜明差异进行分析后发

现，对许多银行来说，这种做法具有极大误导性。例如，对交通银行而言，重要的钱包份额动因有三项；然而，其中两项动因（网站、便捷的多渠道服务）却是根据满意度方法得到的满意度动因中最弱的。因此，基于满意度的客户关系管理方法会使交通银行将理财咨询（一项较弱的钱包份额动因）与客户服务（一项较强的钱包份额动因）一同作为重点。而且这种方法会凸显出网站的无关紧要性，但事实上，它是银行钱包份额最主要的动因！

这些并非交通银行所独有的问题。如果将关注的重点落在满意度而非钱包份额上，多数主要银行将无法辨识出排在前三位的钱包份额动因。对农业银行来说，一方面，最重要的钱包份额动因仅在满意度动因中排名第六；另一方面，其最重要的满意度动因（便捷性与产品和服务范围）却是最弱的钱包份额动因。招商银行最重要的份额动因在其满意度动因中位列第五，而其最重要的满意度动因之一（理财咨询）则是最弱的钱包份额动因之一。

显然，如果最终目标是想扩大客户的银行业务份额，那么在客户满意度绝对值的基础上制定策略这种传统方式就存在严重的局限性。在整个中国市场，对于那些试图在巨大潜力与日益激烈的竞争并存的市场中赢得一席之地的银行而言，传统分析既浪费时间又耗费资源。相反，钱包分配法则却将重点放在了决定客户钱包份额的动因上。

泰国的商业银行

箭头银行[①]是泰国一家拥有良好品牌知名度与悠久历史（成立于 60 多年前）的中等规模的银行。从规模上来说，它远远落后于银行业中的三大龙头企业。即便如此，除了个人客户之外，箭头银行还能与泰国的中小企业建立起成功的业务关系。中小企业是箭头银行重要的客户群，因为泰国拥有 300 多万家中小型企业，占泰国国内生产总值的 37%。

箭头银行的中小企业客户都对自己选择的银行十分满意。事实上，箭头银行内的中小企业组享有 63 分这样一个一流的净推荐值（其中 66%的中小企业客户是推荐者，只有 3%是诋毁者）。排在箭头银行净推荐值动因前四名的分别是：

1. 银行费用极具吸引力
2. 提供各种中小企业银行产品
3. 贷款审批流程简单便捷
4. 工作人员能够回答与银行产品和服务相关的问题

因为得分极高，我们便很容易得出它的上升空间有限这种结论。毕竟，根据净推荐值分类系统，66%的客户属于忠诚客户。

然而，这一结论完全不正确。箭头银行的客户中有很大一部

① 箭头银行是化名。出于保护客户的商业机密，在不影响相关调查结果的情况下，我们对本案例的一些细节进行了改动。

分同时也在使用竞争金融机构的服务。更糟的是，尽管净推荐值水平很高，却只有38%的中小企业客户认为箭头银行的服务胜过竞争对手，20%的中小企业客户认为它与竞争对手旗鼓相当，而余下的40%则感觉其服务较之对手更为逊色。

因此，箭头银行只捕获了44%的中小企业客户钱包份额。此外，平均来说，箭头银行的中小企业客户会使用三家金融机构。

箭头银行的中小企业客户清楚地相信，它们需要与其他金融机构建立业务往来。这又是为何呢？利用钱包分配法则对中小企业客户的钱包份额动因所进行的分析揭示了一组截然不同的动因：

1. 市场覆盖率

2. 整体的品牌形象

3. 网点的服务质量

4. 简化的贷款审批流程

鉴于钱包份额相对较低，且客户使用的竞争银行数量较多，进一步扩大箭头银行与中小企业客户之间业务往来的机会仍有很多。然而，如果仅仅将重点放在净推荐值动因上，就无法实现这一目标。

钱包分配法则分析的结果显示，客户不与箭头银行建立更多业务往来的一个重要原因就是，它的市场覆盖不如大型机构。换句话说，规模更大的银行足迹更广（例如，网点更多、ATM更多等)，这使客户可以更便捷地获取银行服务。

显然，箭头银行不可能开展一波建设狂潮，在泰国各地新建大量网点，如果它还想保持雄厚的经济实力的话。然而，清楚有形资产的劣势难以克服之后，箭头银行就应考虑增开一些规模较小、位置优越的网点，或在人流密集地区加开一些微型网点。它还应考虑利用技术手段降低其多数银行服务对位置的敏感程度。

此外，箭头银行还需要积极地宣传自己的形象，将自己可以满足中小企业需求的信息广而告之。目前，箭头银行因其作为一家消费银行所拥有的实力而受到广泛赞誉。但显然，箭头银行可以同时为个人与中小企业提供出色的服务。

对箭头银行而言，高净推荐值并未能转换成高的钱包份额水平，因为使中小企业客户感到满意的因素无法同时将客户使用竞争机构的需求最小化。在了解钱包份额动因后便能发现这一点。

南非的零售银行

南非拥有世界上最先进的银行产业。与许多西方银行，如花旗银行、汇丰银行、巴克莱银行、荷兰商业银行、德意志银行、荷兰银行等相比，南非银行的零售及企业服务在南非本土运作起来更具优势。

然而，与所有竞争激烈的市场一样，激烈的竞争使得市场趋于饱和。四五家最大的银行及若干市场新入者被迫开始改变它们的商业模式，接受与其服务有关的新思维。尤其是，银行开始被迫使服务更加经济实惠，以吸引那些尚未开立银行账户的人。鉴于市场趋于饱和，这便对利润产生了下行压力。

将竞争强度与新增的银行客户群结合到一起，品牌定位便成为成功的关键。此外，因为南非零售银行客户通常只使用少数金融机构来满足自己的金融需求，因此传递出凸显自己特色又吸引广大消费者的信息就显得十分重要。

为解决这一需求，担保银行[①]对南非的银行客户开展了一项研究，以洞悉他们对待银行的态度与行为动因。然而，在研究完成之后，研究者却并未因其发现激动不已。金融机构满意度的首要动因是信任，这一项占据了满意度动因中的大半江山。余下的动因都很弱，而且没有什么区分度。

这一发现的问题在于，担保银行的经理认可了这一简单的事实：没有人会将钱存入自己并不信任的银行。此外，因为南非的银行业市场非常成熟，市场上几乎所有的主要银行均符合该标准。

为更好地了解“心理份额”动因，担保银行应用了钱包分配法则来分析自己在南非银行业市场中的品牌形象属性，具体方法与使用该法则测量银行客户的存款份额动因相同。在某种程度

① 担保银行是化名。出于保护客户的商业机密，在不影响相关调查结果的情况下，我们对本案例的一些细节进行了改动。

上，钱包分配法则分析证实了初步的调查结果，揭示出信任依旧是最重要的动因。但次重要动因却很简单——具体来说，银行简化了客户使用并理解其服务的过程。此外，客户希望社区内可以开设一家银行。

这些问题完全合乎情理，尤其是考虑到大部分最近才开始使用银行业务的人。对于担保银行的高管来说，更为重要的是，它向银行指出了在向潜在客户传递信息时的关键因素。

显然，担保银行还有很多其他机会来改善客户的存款份额。只有一开始便确定一个具有吸引力的清晰的品牌定位，才有可能得到这些机会。为增加客户的钱包份额，担保银行首先必须将他们吸引过来。

土耳其的零售银行

土耳其的零售银行业正在不断发生变化，它在 2007—2009 年的全球金融危机中面临了重重困难。土耳其银行业中占据支配地位的主要是私有及国有银行。

五家最大的银行中既有私有银行也有国有银行：土耳其实业银行（简称实行）、建设信贷银行（简称建信行）、土耳其担保银行、AK 银行及土耳其农业银行（简称农行）。它们的总资产超过了土耳其银行业市场上其余银行的资产总和。因此，大部分的市场竞争并不是发生在这五大银行与其余银行之间。相反，最残酷的竞争就在这五大银行之间展开，因为它们都奋力想从对方手中抢得市场份额。

在这种竞争环境下，全球各地的经理应该都会乐意接受他们认定能为公司带来竞争优势的途径。土耳其的银行也不例外，它们全心全意地将满意度与净推荐值系统纳入了营销和开发的职能之中。

从资产规模的角度来说，实行（前身是一家国有银行）是土耳其最大的银行。在五大银行中，它的满意度评分最高，净推荐值水平最高，钱包份额也是并列第一。

同时，土耳其担保银行——资产规模排名第三——在钱包份额上与实行并列第一。然而，它的满意度和净推荐值得分却在五大行中垫底（见图 3—16）

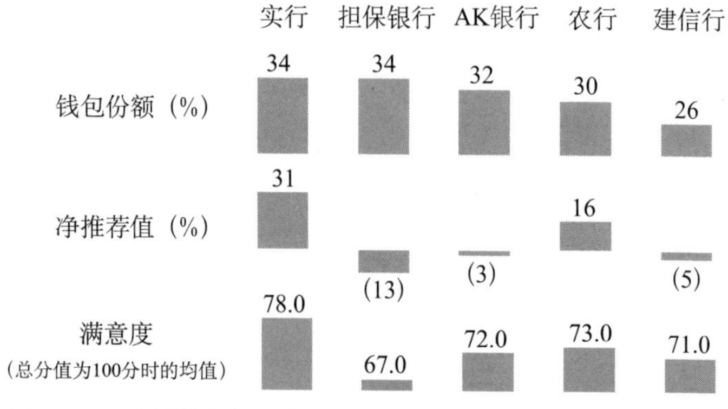

图 3—16　土耳其各银行的满意度、净推荐值及钱包份额间的关系

这个例子清楚地表明，高满意度和净推荐值水平并不能保证一定可以得到较高的钱包份额。当然，我们并非在暗示培养愿意推荐该品牌的满意客户毫不重要。这绝对重要。但它绝不会是提高钱包份额的良好指南。事实上，我们的研究发现，钱包份额动因不仅与满意度动因相异，而且在银行之间也存在显著差异（见图 3—17）。

实行的钱包份额动因着重于便捷的多渠道服务（并列满意度动因第五名）、客户服务（排在首位的满意度动因）及网站实用性（排名第四的满意度动因）。对实行来说同样重要的是，在很大程度上，为推动满意度，银行将力气平均花在了 6 个动因上，而为了增加份额，必须将重点集中在前面所提的 3 个因素上。对担保银行来说，尽管它的满意度水平相对较低，但却与实行一同坐上了钱包份额均值的头把交椅。这主要应归功于其忠诚度奖励计划及其便利的位置。然而，它的产品则是最强大的满意度动因。

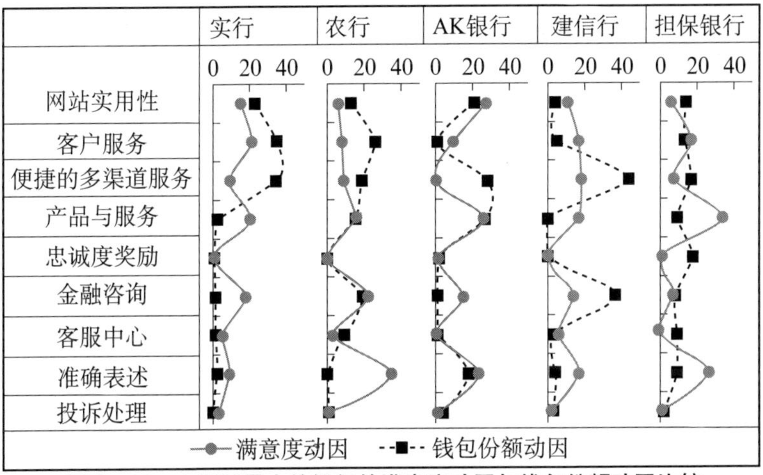

图 3—17　土耳其最大的银行的满意度动因与钱包份额动因比较

在土耳其最大的银行中，农行的满意度动因与钱包份额动因间的差异最为显著。如果农行采用的是一种完全以满意度动因为基础的模型，就几乎无法获取任何经济利益。农行最大的满意度动因无法对钱包份额产生任何作用。同样，它最大的钱包份额动因（客户服务）却有可能完全被忽略，因为它仅位列满意度动因的第五名。

AK 银行的满意度模型就能相当好地为其提供服务——前四项钱包份额动因中有三项同时也是满意度动因的前三名。不过，最大的钱包份额动因（便捷的多渠道服务）在解释满意度时却排名末尾，有可能会被完全忽略。同样，AK 银行原本可能更多关注为提高满意度而做的金融咨询服务，尽管这一属性只能对钱包份额的解释产生 1%的影响。

最后，建信行所采取的基于满意度的模型显示需将重点放在四件事上：客户服务、便捷的多渠道服务、产品与服务以及准确表述。然而，可以解释多数建信行客户的钱包份额行为的属性却是：便捷性（最大的满意度动因）以及金融咨询（排名位于中段的满意度动因）。

若以提高整个市场的钱包份额为目的，整个竞争格局中可以扩大钱包份额的机会比比皆是，这些机会在那些仅仅着眼于提高客户满意度评分的模型中并不可见。对于排名前五名的银行来说，便捷性均为一个强烈的钱包份额动因，但它只拉高了一家银行（建信行）的满意度。就五大银行而言，强大的网站实用工具是一个适度或偏弱的满意度动因，但是除建信行外，它是其余四家银行强有力的钱包份额动因。产品与服务是一项通用的满意度动因，但它只改善了AK银行的市场份额。通过金融咨询（农行）等培养满意客户的银行不一定是那些可以因此获得经济回报的银行（建信行）。

因此，土耳其的银行经理们需要清楚地了解哪些动因可以真正扩大钱包份额，哪些动因只能提高满意度。尽管两者都很重要，但只有一项可以促进增长。

中东与北非地区的零售银行

海湾地区被广泛视作中东与北非地区的金融中心，这里的零售银行业被列为全球最富有的行业之一。2010年以来，该产业经历了一次蓬勃发展，旨在改善银行产品的投资得以增加。因此，它们与更为发达的市场中的银行业保持了一致的步调。

这最终导致金融服务市场成为整个中东和北非地区最具竞争力的市场之一。伴随着投资的增加，在激烈的竞争中胜出的压力也陡然增大，因为流动资本投资者期望能从自己投资的机构经理那里获得投资回报。

由于经理面临的责任增大，测量系统已成为关键的业绩晴雨表。许多相互竞争的测量系统均以包含了营收财务信息及净推荐值等客户指标的计分卡系统为特色。

在过去的半年中，该地区的许多计分卡系统逐渐开始依赖旨在增强客户体验的净推荐值系统。为了检验驱动客户推荐行为的关键属性，银行经理们改善了 8 项他们认为重要的措施（见图 3—18）。

	钱包份额动因	净推荐值动因
活期存款账户与储蓄产品	42.0%	0.3%
通过移动应用提供的银行服务	13.0%	12.0%
银行网点	12.0%	18.0%
定期存款	9.0%	13.5%
任何类型的信用卡	9.0%	17.0%
客服中心	8.0%	17.0%
网上银行服务	4.0%	15.0%
ATM 服务	3.0%	7.2%
产品小计	60%	30.8%
产品小计	40%	69.2%

图 3—18　钱包份额与净推荐值动因对比

接触点（即客户与银行间的交互）通常被认作最重要的净推荐值动因。事实上，它对净推荐值的影响是银行产品与服务的两倍多。因此，如果你的目标是改善净推荐值，那么应将资源与力气集中在何处，答案十分明确。

然而，银行经理发现，提高净推荐值评分无法带来预期的财务回报。我们的研究表明，在中东和北非地区将重点放在接触点上无法促使客户将更大份额的业务分配给银行。接触点可以改善客户满意度，但产品才能提高钱包份额。

事实上，我们的研究发现，选择基于净推荐值动因的机会来提高钱包份额，不仅不会带来财务的增长，实际上，推荐动因与钱包份额动因之间还存在着负相关。

占据主导地位的钱包份额动因在客户推荐可能性的动因中位列最末。因此，海湾地区那些为提高净推荐值而做出改变但却不理解竞争格局的银行经理们，可能会见到两个他们不愿面对的结果：（1）客户的钱包份额没有增长；（2）公司客户的幸福感爆棚，但经济回报却少得可怜。

重要结论

这些来自世界各地的故事清楚地表明，在误导之下追求满意度和净推荐值无法改善财务业绩。这并不意味着满意度不重要。你必须明确，测量、建模与管理客户满意度比以往任何时候都重要。

但如果你的目标是提高钱包份额，那么传统的以满意度与净推荐值为主的方法就无法胜任。必须在客户每天都会做的现实选择中考虑这些措施。应用钱包分配法则框架，并用它来确定决定客户将更多（或更少）的钱包份额分配给所使用品牌的真正动因究竟是什么，这才是实现目标的最佳途径。

第四章

不以牺牲盈利为代价

THE WALLET ALLOCATION RULE

Winning the Battle for Share

经理们往往会因公司的满意度（或净推荐值）水平而纠结不已。他们开口向我们咨询的第一个问题通常都是“怎样才能提高我们的评分”。

我们的回答很少能令他们满意：“如果你只在乎评分，那就调低价格。这样评分绝对会有所提升。”

事实上，如果你只是询问客户，公司如何做才能令他们更加满意的话，降低价格绝对是最为常见的答案。没有人不喜欢物美价廉的商品。然而，就生意而言，廉价未必是好事。

尽管这一点似乎显而易见，但经理在改善满意度与净推荐值水平的过程中却往往并未对其加以重视。相反，他们常将较高的满意度和净推荐值水平视作最终目标，认定好事会随之发生。为确保评分能够上升，雇员的奖金往往与能否实现这些目标相挂钩。

然而，不断投入资源改善提高满意度和净推荐值的做法也存在负面效果。研究表明，即便这些努力最终提高了销售额——这一点谁也无法保证——扣除成本后的投资回报往往接近零，甚至是负数。如果任其发展，可能会造成灾难性的后果。

HomeBanc 按揭公司就是一个不幸的例子。这家总部设在亚特兰大的金融机构创立于 1929 年，最初名为家庭联邦储蓄与贷款公司。自创立以来，这家公司一直是规模较小的公司。然而，到了 2005 年，公司却已成长为一家拥有 1 200 名雇员的跨州企业。

HomeBanc 将重点放在了回头客与推荐客户的身上并因此获得了发展。其目标市场是购房者，因为这些客户更有可能接受房产中介与开发商的推荐。

为了促进推荐客户数量的增长，HomeBanc 着力于提高其净推荐值。它不断对客户进行调查，每月利用这些数据对所有销售团队进行排名。管理层为了证明自己对净推荐值的投入，将奖金、晋升与实现特定的净推荐值捆绑在一起。

结果，HomeBanc 的净推荐值水平跃居美国所有按揭银行的首位。HomeBanc 的净推荐值相当高——甚至超过了 80%。相比之下，该行业的平均水平只有 3%。

在净推荐值上的出色表现使得 HomeBanc 成为了净推荐值的创建者弗雷德·赖克哈尔德所撰写的《终极问题》第一版中的一个重要案例。书中提到："从一开始，HomeBanc 的秘诀就在于它能够识别出那些最有可能出现在那个神奇领域的客户（高盈利的推荐者）。"

此外，"HomeBanc 通过提供退款保证有效地消除了不良利润"。为了确保客户永远也不会提出退款的要求，一旦客户申请退款，公司员工将会面临严厉的处罚。具体来说，如果客户行使了退款的权利，参与交易的 HomeBanc 员工往往会被“谈话”并被认为没有资格获得当年的所有奖金。如果不止一次出现客户退款的情况，这名员工就很可能会被解雇。

当然，这充分激励了员工去确保当他们收到潜在购房者的贷款申请时一切顺利。毕竟，如果客户的贷款申请遭到拒绝，他们感到不满（并认为这是一次重大事故）的可能性要大得多。

最后，HomeBanc 不但消除了不良利润，而且完全抹杀了利润的存在！2006 年《终极问题》在各大书店上架的同时，HomeBanc 的资金正在大量流失。2007 年，HomeBanc 申请了破产保护，此后不久便停业了。

然而，对于那些怀念 HomeBanc 的人来说，这家公司极其完美，根本不可能关门大吉。CNBS 金融集团买下了公司名称的使用权，我们希望新的 HomeBanc 公司能在未来表现得更为出色。

钱包分配法则并非灵丹妙药

遗憾的是，尽管 HomeBanc 的故事是一出悲剧，但它并不是一则特例。事实上，在我们 1994 年出版的第一本书《质量回报》（与罗兰·拉斯特及安东尼·扎霍日克合著）中便已经提及了几个备受瞩目的类似灾难：华莱士公司、佛罗里达电力照明公司、百年医疗中心以及 IBM。彼时，这些公司均提供了一些在全球最受推崇的客户服务项目，而每家公司都遭遇了灾难性的后果。

幸运的是，其中一些公司已经从自己造成的损伤中恢复了过来。华莱士公司——第一家荣获马尔科姆·波多里奇国家质量奖的小企业——却未能挺过这一关。它的市场份额从 10.4%上升到了 18%。但不幸的是，它每月的亏损额达到了 30 万美元。因此，在获奖后不久，它被迫宣布破产倒闭。

这些企业的悲剧明确地告诉我们，经理不应用追求更高的满意度或净推荐值评分来为自己糟糕的商业决策辩护。对更大的钱包份额的追求亦是如此。

尽管钱包分配法则使得满意度（及其他常用的客户忠诚度指标）有可能与钱包份额紧密相连，但更大的钱包份额也不是万金油。经理们必须确保，为提升品牌排名所做的努力不仅能带来更大的钱包份额，而且能带来投资回报。

新增收入到底来自何方

忠诚度顾问往往声称，忠诚的顾客会通过众多渠道带来额外的资金。最常被称作忠诚度效应的是下列几项：

1. 降低服务成本

2. 增加利润（即降低价格敏感度）

3. 口碑良好

4. 提高客户保有率

5. 增加消费（即增加钱包份额）

事实上，基于顾问们所展示的有关这些所谓益处的图表，你会认为这些益处能带来大量额外的收入，而且它们基本上同等重要。遗憾的是，情况并非如此。事实上，前两项所谓的益处甚至并不真实。

如果经理想要使那些用来改善客户体验的投资产生回报，首先就必须清楚地了解这笔收入究竟来自何处。因此，让我们首先揭穿两则有关忠诚度的神话：（1）忠诚客户的服务成本较低；（2）忠诚客户对价格的敏感度较低。

我们已经在早期的著作《忠诚揭秘》（与特里·范瓦雷和亨利·沃勒德合著）中揭穿过这些神话。可遗憾的是，尽管有确凿的证据证明它们是虚假的，但它们像恐怖电影中的怪兽一般难以杀死。

神话：忠诚客户的服务成本较低

有关忠诚客户的服务成本较低的论据是："因为公司获得了客户经验，所以能更有效地为他们服务。"

首先，我们承认，这听起来十分有道理，这也是这个神话如此难以破除的原因。这一理论的缺陷就是人们认为忠诚客户的行为与那些不那么忠诚的顾客相同。

这其中的谬误十分明显。真正的忠诚需要表现出不同的行为。尽管公司可以将许多良好的客户行为与忠诚度关联起来，但更容易服务却不在其列。为什么呢？公司也许更为了解自己的忠诚客户，但忠诚客户也更加了解公司。因此，他们可能会因为更了解系统的内部运作而对公司提出更高的要求。一旦他们认为公司对待他们的方式不够完善便会去寻求解决办法。他们也更有可能因为这种关系而得到额外的待遇，但管理层需要花钱才能实现这一点。

此外，研究最终证明事实即是如此。著名教授维尔纳·赖纳茨与库马尔对几家公司进行了深入研究，以审视忠诚度对客户服务成本所产生的影响。他们将研究结果发表在《哈佛商业评论》与《市场营销杂志》（*the Journal of Marketing*）上。他们没有找到任何一例可以证实忠诚客户服务成本更低的案例。事实上，当公司存在成本差异时，这种关系正好相反：忠诚客户的服务成本更高。

神话：忠诚客户的价格敏感度更低

有诸多报道称忠诚客户的价格敏感度较低——为了能与公司进行交易，他们甚至愿意额外支付费用。他们是这样说的：忠诚客户“往往宁愿支付溢价以便继续与你交易，也不愿更换一个他们既不熟悉又感觉不舒服的竞争对手”。

这种说法也许是真的，但同时也具有完全的误导性。“一个他们既不熟悉又感觉不舒服的竞争对手”这个修饰语具有蒙蔽性。换句话说，“我宁愿掏钱包也不愿意去一个我不认识或是不喜欢的地方”。

但是，这会是客户面临的真正选择吗？永远也不会！考虑到在多数行业中多品牌忠诚度是一种常态，客户总是另有去处。而促使他们投向竞争者怀抱的最简单的办法就是向他们收取溢价。

现实便是，忠诚的客户很清楚，相对于标准价格而言，何时的价格合适，何时的价格不合适。这是客户因其忠诚度而获得的一项利益——一眼见到便很清楚。因此，忠诚的客户往往对于价格更为敏感。

让我们回到赖纳茨教授与库马尔教授的研究上。两位教授找不到忠诚客户为相同的商品支付更高价格的例子。即便存在价格差异，其间的关系也是相反的——忠诚客户可以享受更低的价格。

此外，我们教会了自己最忠诚的客户要对价格敏感。《华盛顿邮报》上的一篇文章写道：“在营销策略的微妙变化中，一些零售商已经增加了针对其最忠诚客户的优惠券的力度，以期能够吸引消费大户经常光顾……零售商渴望能够摆脱面向大众的折扣，希望针对性更强的优惠券能够将最为价廉物美的商品留给自己最好的那群客户。”

口碑

毫无疑问，良好的口碑是一家公司能够吸引新客户的重要因素。事实上，在许多娱乐相关行业（如电影、电视节目、俱乐部等）中，口口相传的良好口碑是成功的关键。

互联网和社交网络尤其强化了经理对口碑潜在力量的重视。现在，在技术的帮助下，一个人就有可能影响到数百数千有时甚至是数以百万计的人。此外，对潜在客户而言，个人客户的推荐往往比公司出资宣传的广告更具公信力。

因此，消费者推荐品牌的意向已成为经理用以衡量和管理客户忠诚度（仅次于客户满意度）最重要的指标之一。这在很大程度上促使许多公司开始采用净推荐值。然而，对于多数企业而言，口碑在获取客户上的效果远低于经理的预期。

让我们首先来审视客户自称其会推荐一项产品的可能性与其社交网络中的成员实际购买该产品之间的关系。显然，消费者向朋友推荐一家公司或品牌的意愿将带来销售额的增长，这个想法中的逻辑十分吸引人。我们都能回忆起自己因为朋友和家人的推荐而去尝试一家新餐馆、观看一部新电影或是购买一款新产品的时刻。但是消费者向自己社交网络中的朋友推荐一家公司或一个品牌的意愿真的能带来销售额的大幅增长吗？这也正是我们想要探寻的。

利用一家大型美国电信运营商提供的 791 位客户及其相应的电话网络（11 552 人）的数据，我们调查了客户通过口碑推荐他们购买过的一款新产品的意愿与其社交网络成员购买同款产品之间的关系。我们的发现令人吃惊，客户推荐产品的意愿并不能对潜在客户购买该产品的可能性产生重大影响。

为了解其他因素是否起了作用，我们还核查了研究指出的两个会影响口碑对新产品购买的作用的因素：（1）客户的产品购于多久之前（研究显示，新客户的影响力更大）；（2）社交联系的强度（以通话时长来衡量）。有趣的是，当我们逐一对其进行调查时，这些变量均未表现出与产品接受程度间的显著关联。

只有通过同时检查这些变量（即推荐意向、购买的新近程度以及社交联系的强度）之间的相互作用，才有可能确定其与产品购买之间的关系。具体来说，我们发现推荐意向只有在同时满足两个条件时才能预测新产品的购买情况：（1）进行推荐的客户自己最近才购买了这项服务（而非该产品的长期用户）；（2）潜在客户与进行推荐的客户接触频繁。

我们的发现指出，将社交网络、推荐意向以及产品的购买转换成一种连贯的营销努力存在困难。研究结果表明，独立测量口碑意向也许无法预测其他潜在客户是否会购买该产品。因此，尽管了解客户是否愿意推荐品牌这一点很重要，但显然必须将其他因素考虑进去，并且使用这些特定指标进行测量。

其次，让我们来看看实际的口碑（而非推荐意向）对客户获取成本及盈利能力的影响。口碑的主要动因之一是客户满意度，最正面或负面的口碑发生在极端的情况之下（非常满意或非常不满意），我们多数人本能地知道这是真的。

然而，令人惊讶的是，正面口碑出现的频率是负面口碑的四倍。显然，负面口碑不好，但它并不能反映出广大顾客对于他们所使用的品牌和公司的讨论。

对于经理来说，“口碑如何才能转化成新的销售”这一问题的重要性高于一切，针对口碑与客户获得的研究发现了一些不同寻常的事情。一方面，口碑无法实现你所期望的效果。例如，鉴于电影和电视节目的成功在很大程度上取决于它能否在潜在观众中引发轰动，你会认为口碑能够成为一场秀成功与否的关键。然而，研究发现，口碑量并不能与收视率之间形成固定联系。

更令人意外的是，研究发现，忠诚客户的口碑活动无法带来新客户的额外消费。这是真的！因此，提高客户忠诚度可以增加从推荐人处获得的客户数量的说法被证明并不属实。相反，研究发现新客户往往来自非忠诚客户的口碑。

如果这些开始让你考虑如何才能让口碑显示出收益，那么你并不是在孤军奋战。将客户的推荐意向转换成新的利益顾客的过程并不简单，这一点很清楚。库马尔教授、彼得森教授与莱昂内教授发表在《哈佛商业评论》上的研究总结了这其中会遇到的问题：

> 两类公司中声称自己愿意向他人推荐该公司的顾客数量都很多，但是真正这么做的人却远远少于这一数目。68%的金融服务公司客户表示自己打算向他人推荐该公司，但只有33%的人真正付诸行动。81%的电信客户完全认为自己会向他人推荐该公司，但实际上真正推荐的只占到了30%。更重要的是，在两种情况下，这些推荐人实际上很少能真正带来客户（金融服务公司14%；电信公司12%）。而且在那些最终成为公司客户的潜在客户中，只有11%的金融服务公司客户（电信公司仅有8%）成为了新的利益客户。

我们并不是暗示口碑推荐人毫无价值。他们很重要，只不过没有我们想象中那般价值重大。

客户保有率

几乎对于所有企业而言，成功依赖于忠诚客户的重复业务。事实上，正是这种认识才催生了经理现在对客户的关注。

在其发表于《哈佛商业评论》上的具有重大影响的论文《零

缺陷：品质归结于服务》中，顾问弗雷德·赖克哈尔德与备受敬重的哈佛商学院教授 W. 厄尔·萨瑟宣称，“降低 5%的客户流失率就能提高 25%～85%的利润”，由此引发了公司策略的巨大转变。尽管这些令人瞠目的回报率没能经受住更为严格的分析的考验，但客户保有率始终是能够推动企业营业额增长且与客户忠诚度相关的最重要的指标之一。事实上，古普塔教授、莱曼教授以及斯图亚特教授开展的研究发现，每提升 1%的客户保有率，就会对公司的市场总值产生 5%的影响。相比之下，客户获取成本减少 1%则会对公司价值产生 0.1%的影响。

钱包份额

我们一直在全书中阐述，对大部分企业来说，更多客户会改变自己的消费模式而非完全弃用某一品牌。因此，对客户就某公司的消费模式进行管理往往会比单纯地最大化客户保有率带来更多的机会。

麦肯锡咨询公司声称，通过专注于客户的消费模式来提高客户钱包份额的做法所能产生的价值，是仅仅通过提高客户保有率的 10 倍。我们自己的研究同样支持这种看法。在客户倾向于使用多个品牌的行业中，相对于保有率而言，消费模式对钱包份额的影响要大得多。

这项对忠诚度经济的回顾清楚地表明，忠诚客户可以通过三种主要方式为企业带来更大的营业额：口口相传吸引新客户、提高客户保有率以及改善类别支出份额（即钱包份额）。到目前为止，钱包份额是三者之中最有可能实现营业额增长的方式。

经理的问题一直就在于如何才能增加钱包份额，尤其是考虑到钱包份额与满意度及净推荐值等指标之间的关系一直非常弱。钱包分配法则解决了这一问题，经理们第一次可以轻松、准确地确定哪些因素可以真正提高钱包份额。

收入 ≠ 利润

经理们必须永远记住，增加营业额与提高盈利能力是两码事。若是忘了这一点就相当于自取灭亡。

首先要认识到，并非所有——甚至并非多数——客户为利益顾客。有关客户盈利能力的调查总能揭示出，尽管公司总会拥有一些利益度较高的客户，但他们也可能同时吸引了一些无价值顾客。对多数公司而言，排在前 20％的客户将产生150％～300％的利润总额，而后 20％的顾客则将损失 50％～200％的利润总额。位列中间的 60％仅仅是不赚不赔（见图 4—1）。换句话说，在一家典型的公司中，80％的客户无法实现较好的回报率。

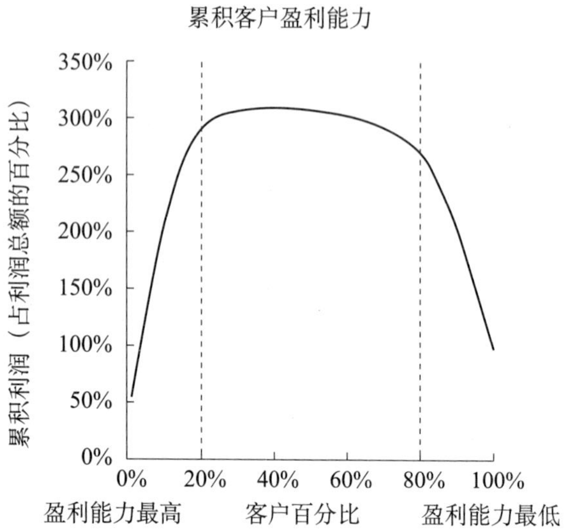

图 4—1 排名前 20%的客户创造了整家公司的利润

多数公司认为，客户营业额能够代表客户盈利能力。因此，他们往往将注意力集中在营业额最高的客户身上。遗憾的是，人们最终证实，营业额并不具备良好的盈利预测能力。一些最大的客户也往往最无价值。正如哈佛商学院教授卡普兰与纳拉亚南观察到的那样：

> 一家公司不会因为小客户损失大量金钱。它与小客户做的生意规模很小，不至于招致大的（绝对）损失。只有以不恰当的方式运作的大客户才会带来巨大损失。在整个客户群中，大客户往往不是盈利能力最强的客户，便是盈利能力最弱的客户。通常，大客户不会出现在总盈利能力排名的中段。

就为改善客户满意度和净推荐值而作的努力而言，营业额与利润间的关系尤成问题。这是因为，按照提案进行改善所能获得的收入往往不足以支付实施提案所需的相关成本。

因此，经理们必须敏锐地意识到那些可以暗示他们正在将钱扔进水里的警告标志。为改善客户体验进行的投资必须能够带来积极的回报，这似乎显而易见，但人们很容易便会陷入电影《梦幻成真》般的心态："如果你建成了，他就会来。"事实上，客户也许会来，但如果为了赢得他们的心你必须花钱，那就会是一场惨痛的胜利。

一时受益，长远受累

短期主义（即为了获取眼前的利益而牺牲长远的稳定，将注意力放在短期项目或目标上）会使一些盲目追求客户满意度（与净推荐值）的举措造成最具破坏性的后果。具体说来，经理们往往会集中注意力去实现那些旨在令客户感觉更加快乐的近期目标上，而不会去考虑这种决定会对企业的绩效产生何种长期后果。

HomeBanc 就是这一问题的极好例证。公司管理层理所当然地认为，专注于提高净推荐值评分能为银行带来更高的营业额（在这种情况下就是抵押贷款）。该计划的问题就在于，客户的幸福感与积极的贷款结果紧密相连。不幸的是，并非所有申请贷款的客户都有偿还能力。如果没有恰当地拒绝某些客户的贷款申请，一旦经济形势变得严峻（这时常发生），他们就会成为公司的负债，甚至成为公司倒闭的原因。

短期主义在公司间极为盛行。事实上，痴迷于短期利润而未对长期风险进行充分评估是导致大萧条时期金融危机的主要原因之一。

然而，尽管出现了大萧条，但是对几乎所有的公司来说，能够促进公司吸收新客户的因素却仍是常规的几项。此外，现实便是，企业的长期生存有赖于不断获取新客户。然而，如果任由这种对于获取新客户的迷恋发展下去，就往往会导致逆差选择（即需求量最大的客户也常给公司带来最高的风险）。例如，保险公司往往发现，最具保险需求的人遭受损失的可能性往往更大。这就是为何保险公司尤其热衷于风险评估。不幸的是，多数公司在长期风险评估方面做得很差。平心而论，风险极难预见。

正如大萧条所展现的那样，大规模的短期主义带来的社会后果可能极其严重。此外，消极后果比经济损失更加严重。美国的医疗保健行业就是一个典型的例子。

患者满意度已成为美国医院获得财务成功的重要因素。政府会根据患者对一份由 27 道满意度问题所组成的调查问卷做出的回答，决定是否拨给医院 10 亿美元。其中的逻辑简单且直观：应该根据医院的表现向其拨款，患者不就是可以对此做出评判的最佳人选吗？

由美国政府监管的患者满意度调查从下列三个方面对医院进行了评估：

1. “夜晚，病房周围通常比较安静。”

2. “需要服务时总能及时得到帮助。”

3. “能够很好地抑制痛感。”

乍一看，这些问题似乎完全有效。毕竟，我们都想住进安静的病房、尽快得到帮助并且远离痛苦。

遗憾的是，患者需要的治疗与他们的需求之间未必能够永远兼容。在卫生保健领域，满意度与绩效是两码事。研究表明，患者更有可能根据医院所提供的便利设施（如平板电视、客房服务、美甲沙龙等）而非其护理品质选择一家医院。

前往哪家医院就诊绝不是一件琐碎的小事。事实上，它会是我们在生活中所做的最事关重大的决定。发表在《患者安全杂志》上的研究发现，每年有超过 40 万名的美国人死于可预防的医疗失误。这使得医疗失误成为美国第三大死因！此外，可预防失误对患者造成严重伤害的概率是因医疗事故致死的 10～20 倍。

医院要想获得成功便离不开病人。便利设施比医疗结果更为重要这个事实推动了医院的建设热潮。现在，很多新建医院的病房和设施甚至可以与酒店客房相媲美，远超我们出生时的水平。

你当然可以说，患者的满意度水平可以反映出负面结果。事实上，这两者其实是相关的——只不过与你的预期正好相反。

研究表明，对医生最为满意的人更有可能住院，累积更多的卫生保健与药物支出。更糟糕的是，他们比满意度较低的患者的死亡率要高 26%——换句话说，每死亡 100 名低满意度患者，便会有 126 名高满意度患者离世。

这不是因为高满意度患者往往病情更重（至少最开始时并非如此），事实恰恰相反。与低满意度患者相比，满意度更高的患者一开始的平均体质和心理健康状况更好。相反，高满意度实际上与病情加重之间存在关联。

诚然，这其中存在一个符合逻辑的理由。专注于提供患者想要的东西——比方说，最低的痛感——也许意味着患者并未得到他们所需的东西。借用最近《纽约时报》的相关报道："医院并非酒店。尽管患者在某种程度上是知情的消费者，但他们主要还是有需求的病人，有赖于借助医生与护士的帮助来度过艰难的时刻。他们来医院并非度假，而是因为他们需要专业但往往也是痛苦的帮助，这种帮助只有我们才能提供。"

当然，医生与医院可以通过给予患者他们想要的东西而非他们需要的东西赢得更高的满意度评分，他们的确获得了患者在健康护理支出中更大的份额——只要他们不离开这个世界。这种情况显然与希波克拉底誓言相符。

按揭与卫生保健行业的这些例子表明，有可能通过忽略长期风险在短期内赢得钱包份额，然而，巨大的风险总会让你尝到恶果。

令客户愉悦却令企业亏钱

为提高满意度所做的努力带来的最常见的问题就是，增加的增量收入并不足以抵消这些提案产生的费用。这种现象时常发生，因为对于多数行业中的很大一部分客户而言，价格才是满意度的动因。

满意度几乎总与价格呈反比。因此，降低价格往往是提高满意度的最简单的方法之一（见图 4—2）。

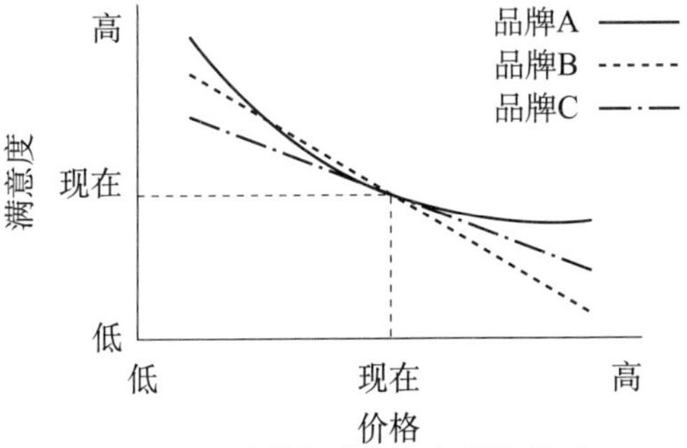

图 4—2　价格与满意度之间的关系

遗憾的是，对多数企业而言，降价的空间有限。因此，由价格驱动的满意度往往是难以维持的困难策略。即便是很小的错误也可能招致巨大的损失，因为一旦价格低于成本价，客户便会争相抢购。

很多零售商在与 Groupon 合作时领悟到了这种惨痛的教训。

实际上，Groupon 曾向零售商许诺，通过 Groupon 向消费者销售超低价折扣的商品可以促进商品的销量，而且可以通过顾客购买商品时的交叉购买以及基于此次购物经历获得的满意度而进行的重复购买收回成本。

毫无疑问，Groupon 的促销倾向于提高商品的销量。但是正如我们在《哈佛商学院案例》（与哈佛大学教授苏尼尔·古普塔以及雷·韦弗合作）中报道的那样，客户的购物经历越是愉悦，零售商的结局就越惨痛。事实上，如果对正在执行的提案按照满意度进行排名，那么，前六名中有四项最后反倒会令参与活动的商家亏钱，而且也只有这些提案从未使他们挣到过钱（见图 4—3）。然而，因为这些提议与较高的客户满意度相关联，于是便产生了巨大的需求。这四类提案占据了 Groupon 业务总量的 50%！

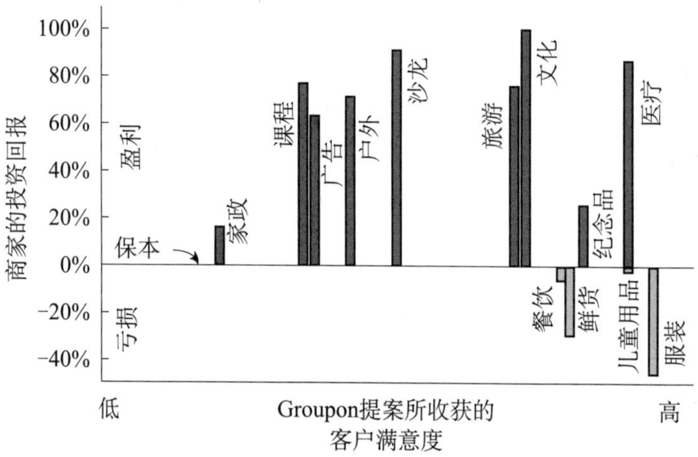

图 4—3 各项 Groupon 提案导致的客户满意度与投资回报对比

这些研究结果指向了一个有关客户满意度与客户盈利能力之间关系的重要真理。尽管满意度与盈利能力不会相互排斥，但是它们也未必相关。经理们的手上往往会有不少旨在提高满意度的相互竞争的备选方案，并非所有方案都能盈利。此外，并非所有客户的满意度均对公司有益。一些客户并不愿意为公司所提供的服务支付必要的费用，而另一些客户要求获得的利益会远远抵销他们所贡献的营业额。

必须坚持的底线就是，你必须了解为提高客户满意度所做的努力会对利润产生何种影响，这一点无可替代。有了这些信息，经理便能做出正确——但有时十分艰难——的业务决策。

将满意度、钱包份额、营业收入与利润挂钩

旨在改善客户体验的战略可以带来积极的影响，可短期行为以及那些令人愉悦却亏钱的东西却会将其抵消。不过幸运的是，这是可以避免的。经理们可以遵循下列三个步骤来确保为改善客户体验所做的努力能够获得积极的财务回报。

第 1 步：利用钱包分配法则连接满意度与钱包份额

自从钱包分配法则出现以后，第 1 步就变得十分容易。遵照

下列步骤即可将满意度（或净推荐值）与钱包份额联系起来：

- 调查客户，明确客户在该类别中使用的品牌（商店或公司）。
- 获取客户使用的所有品牌的满意度评分。
- 将客户使用的所有满意度评分转换为排名。
- 利用钱包分配法则将这些排名转化为每位客户类别支出份额的估计值。

第 2 步：将钱包份额与营业额目标挂钩

提高客户分配给贵品牌的类别支出份额是首要目标，但是在考虑钱包份额时必须始终结合客户对于该类别的总支出。显然，在某一类别中仅有一次购买行为的顾客将 100％的钱包份额都贡献给了某一品牌。

而现实则是，在某一类别中支出更多的客户更有可能在多个品牌间分配支出（见图 4—4）。当然，公司的目标并非减少客户的类别总支出以增加钱包份额，而应是使其将更多的类别支出分配给自己的品牌。

因此，我们要结合钱包份额所代表的营业额来理解份额。不是所有客户都能成为高营业额、高钱包份额的客户，也不是所有客户都怀有这种意愿。一些客户在该类别中的采购频率极低，除非他们在公司客户群中占据了很大比例，否则，为他们提供服

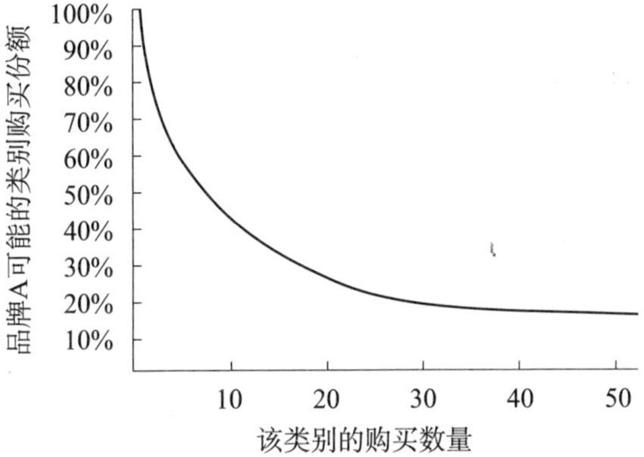

图 4—4 随着购买量的增加，钱包份额逐渐下降

务、开展营销所能获得的回报极小。

因此，我们至少应根据不同客户在该类别中的业务量对他们进行分类。因为支出低的客户在该类别的参与度会低很多，他们的需求往往与高消费群体有显著差异。

此外，从客户总量上来说，高营业额客户几乎总是少数。忽视客户差异化的战略必然会向收支平衡、无利可图的客户倾斜，因为他们代表了绝大多数。

某一类别的高消费、高份额客户是公司的核心客户，公司的目标应该是培养更多此类客户。唯一拥有必要资源、有望发展成此类客户的客户群就是高消费、低份额的客户。实现这一转变的关键是清楚地认识到客户选择竞争对手的确切原因。为改善这一局面，应努力使客户认为应该使用竞争对手的需求最小化。

第 3 步：将营业额与利润目标挂钩

仅仅理解钱包份额与营业额之间的关系还不够。如前所述，有很多方式可以在扩大钱包份额的同时却依旧令公司亏钱。

一个看似符合逻辑的解决办法就是忽略营业额而专注于投资回报。可是，对企业来说，这通常也并非最佳解决方案。投资回报最大化往往是因为客户池定义过于狭窄，以至于无法获得显著的市场份额增长。

相反，企业的目标应是使所有高潜力客户的回报最大化。这样就可将焦点从投资回报最大化转移到利润最大化上。无须想得过分复杂，明确客户使用竞争对手的首要原因，分析如何应对、需要多少成本，这才是关键，然后将这些费用与预期的财务收益进行权衡。

重要结论

钱包分配法则所测量的是人们通常认为无法测量的东西：满意度的改善对客户支出份额及公司营业额的影响。不过，尽管这种关联对营业额来说至关重要，但远远不够。

公司的最终目标是获取利润而非营业收入，这一点经理永远也不能忽视。利用钱包分配法则来确定哪些机会可以增加营业额并不是做出糟糕管理决策的理由。必须始终将为改善而作的努力视作一种投资——其利润必须大过成本。然而现实却是，许多可以提高钱包份额和营业收入的机会永远也无法获得经济回报。

评估风险、预估成本是经理的工作。对于所有遗忘了这个简单道理的经理来说，HomeBanc、华莱士公司以及所有其他深受人们喜爱却以破产告终的公司都是前车之鉴。

对于乐意赠送产品的公司来说，增长并不困难——只要它们能够继续经营下去！借用彼得·德鲁克的话："生存是企业的第一要务。"

第五章

真正重要的新指标

THE WALLET ALLOCATION RULE

Winning the Battle for Share

以随机对照试验的方式在全球范围内开展的3 000项在研医疗项目中，有50%的有效性并不可知，这一数字实在令人咂舌——换句话说，我们完全不知道它们的疗效到底如何，或者说能否起到丝毫作用！更糟糕的是，这并不意味着另外的50%就能见效。临床证据是英国医学杂志《临床实证》（*Clinical Evidence*）发起的一项调查。调查发现，只有1/3的疗法可能有效：具体来说，11%已被证实确实有效，23%可能有效。在余下的疗法中，7%徘徊在有害与有效之间，6%不太可能有效，3%很可能无效甚至反而有害。

这些糟糕的数字叫人心惊。医疗行业人才济济，个个都接受过良好教育。从其客户（即病人）的健康状况中我们能够十分客观地观察到行业的成功表现。然而，这样的一个行业怎会依赖如此之多未经证实的治疗方法？现实就是，认识形态与传统做法一直在阻碍医生对待医疗证据的态度。事实上，研究表明，只有15%的医生会依据事实做出决定，这真叫人沮丧。借用圣西奈山医学院（Mt. Sinai School of Medicine）临床医学研究主任大卫·纽曼博士的话：

> 以认识形态为基础的疗法十分诱人。修复膝关节的手术

应该能起作用；缓解咳嗽的糖浆应该可以缓解病情；舒缓紧张的心脏应该能够挽救生命。但是，事实往往令人不安，许多昂贵的创伤性疗法可能疗效甚微，甚至毫无效果，并且可能会导致令人不快、耗钱又危险的副作用与并发症。医疗改革需要面对的关键问题是，患者、医生与专家们是否已经准备好在数据的面前将认识形态撇到一旁。如果证据告诉我们抗生素无法消除耳部感染或是无法治愈链球菌性喉炎，可以依照这些证据进行治疗吗？我们可以不再提出并开出这类处方吗？我们可以不再进行并要求进行膝盖与背部手术吗？我们可以应对证据所揭示的内容吗？我们准备好接受真相了吗？

人的一生中终会有接受医疗护理的时刻，因此我们真诚希望可以对这些问题做出肯定的回答。

相信科学数据而不是传说

当前的管理实践同样没能逃开这些困扰着医学研究的问题。事实上，斯坦福大学教授杰弗里·菲费尔与罗伯特·萨顿在《哈佛商业评论》上发表了一篇讨论“循证管理”（Evidence-Based Management）必要性的具有重要影响的文章。尽管他们承认了医学研究中存在的主要问题，但却依旧辩解说：

> 在哪一张“处方”更加可靠这个问题上，经理实际上比医生还要无知——而且，他们在找出正确答案上的热情也更低。如果医生行医的方式类似于许多公司的管理之道，那么不必要地患病或死亡的病人数量就会增加，也会有更多医生遭受牢狱之灾或是因玩忽职守受到惩罚。

尽管我们可以轻松地假定存在着某种程度的机能不全或是公然扯谎，但是管理之所以会缺乏证据为依托，更多地还是人的原因。多数的错误信念之所以能够产生，是因为我们自己想要相信它们，而我们想去相信这些信念的原因有很多：

- 人们认为，个人经验胜过以研究为基础的证据。
- 我们喜欢令人信服的故事胜过数据。
- 真理往往太过复杂，而神话通常十分简单。
- 我们会忽视那些与信仰相左的证据，因此只能见到自己希望见到的东西。
- 我们喜欢传达好消息。
- 我们想听到好消息——老板也不例外！

但是，菲费尔和萨顿又指出了另一个与人性无关的问题。有些人——通常是想要出手某种商品的人——实际上正试图将你带进沟里：

> 很大一部分问题出在顾问身上。通常，他们只要接到项目便能得到奖励，只有部分时候会因为工作表现出色而受到嘉奖，而且就算他们对自己的建议是否真正带来了改善进行了评估也不会得到任何奖赏……如果你认为我们的指责过于严苛，那就请你最欣赏的咨询公司员工拿出他们的意见或技术真正起到作用的证据——并且留意他们所给的证据。

这些证据不外乎是一些轶闻，一些赞扬他们的意见或技术在其他公司获得了所谓的成功的故事。借用瑞士洛桑国际管理发展学院（IMD）教授菲尔·罗森的话，问题就在于“我们可以找到一段好的轶闻来支持任何观点。如果我们想要（真正）显示（某事）能对企业绩效产生重大影响，就必须在公司之间收集数据、寻找模式”。

即便一些典故可以支持研究，经理也几乎可以确定它们没有发表在由同行评审的高质量科学杂志上。雪上加霜的是，多数经理并不清楚发表在管理杂志上的文章与那些接受过同行评审的科学论文之间的区别。一条简单的经验法则就是，如果杂志文章浅显易读，技术含量不高，并且在杂志评介中并未出现大量基础的学术理论，那么，不论印在杂志封面上的那所大学多么富有盛名，它很可能也不是一份同行评审的科学期刊。

当然，这会加剧问题的严重性。科学论文往往都很无趣，而且会出现大量希腊字母和数学符号，这就进一步削减了经理们阅读这类文章的兴趣。因此，简单的错误解释（或者用一个我们喜欢的措辞，“完全错误”的解释）往往能够战胜复杂的真相。经理们大可指责科研人员未将这些理念投入实际的商业应用，因而写出的研究论文晦涩难懂。但可悲的现实是，学术研究者们必须发表这类研究与论文才能获得晋升的机会，因此，经理们往往被迫翻阅一些极其枯燥的论文才能发现一些经过评审的新颖、重要的想法来帮助自己拓展业务。

即便如此，经理们依旧可以并且应该坚持，顾问们一旦提出一个所谓具有“突破性”的想法，就必须证明这些想法已经通过了科学检验。任何人都可以写出一份经得起公司验证的“白皮书”。同行审查有助于剔除糟粕，因此可以提供更高的标准。正如我们所展示的那样，业已证实许多与客户管理及其与业绩间关联方式的想法都糟糕透顶。

不可或缺的新营销指标

钱包分配法则使经理们有可能轻松地将钱包份额与客户满意度联系起来。但是，由于该法则以公司的相对排名而非满意度的绝对值为基础，公司需要将其增添到关键绩效指标之中。使用钱包分配法则的所有公司都应包括如下三项测量标尺：

1. 首选百分比
2. 使用的品牌数量均值
3. 钱包份额

首选百分比

由于使用钱包分配法则时不应将重点放在满意度（或净推荐值）的绝对水平上，用一种能够反映这种新观点的方式对业绩进行监控就显得极为重要。经理必须采取一种员工极易掌握的方法，同时该方法还应反映出客户分配其品牌支出的方式。

高级经理也好，一线员工也罢，任谁都无法轻轻松松便对品牌的排名均值做出解释，汇聚企业的凝聚力亦是如此。这是因为，我们印象中的排名都是整数——如第一名、第二名、第三名等。然而，公司的排名均值却极少以整数的形式出现。因此，经理与一线员工都很难将其内化。

解决这一问题的一个简单办法就是，对那些将贵品牌列在满意度评分榜首的客户所占的百分比进行追踪。换句话说，贵品牌真的是客户的首选吗？还是说他们认为贵品牌与竞争对手相差无几或是表现欠佳？观察那些将某品牌定为最佳品牌的客户所占的百分比，它与钱包份额间存在很强的相关性（见图 5—1）。尽管首选百分比与钱包份额间的关联性不如依据完整的钱包分配法则计算那般紧密，但是它能提供一种易于理解、便于使用并且将重点放在与竞争相关的品牌排名上的度量标准。

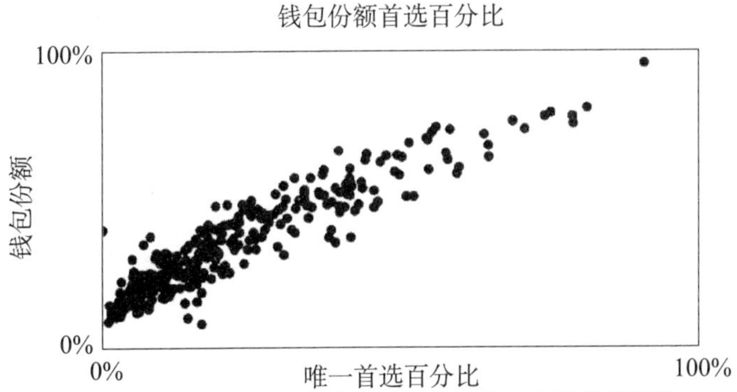

图 5—1 钱包份额首选轨迹

使用的品牌数量均值

钱包分配法则还明确表明，客户在某一类别中使用的品牌数量会对钱包份额产生巨大影响。因此，经理们需要了解客户该类别支出的分配方式以及分配对象。

客户不会无缘无故选择某一品牌。因此，使用多个品牌的客户一定认为竞争品牌可以更好地满足他们的某些需求。追踪客户使用的品牌数量，可以使经理将重点放在关注减少客户使用竞争品牌的需求，并最终将其完全从客户的使用列表中抹除。

钱包份额

在客户的类别支出中获得较高份额是经理们的共同目标。但是多数经理都不清楚客户分配给自家品牌以及竞争对手的钱包份额的大小。

说句公道话，多数行业都没有现成的数据。毕竟，公司通常不会与竞争对手共享客户的购买行为。

即便拿到了钱包份额数据，也无法用以识别客户身份。这样一来，几乎不可能将钱包份额信息与品牌的客户数据库连接起来。因此，在开发旨在提高客户消费份额的程序时，经理们就已被缚住了手脚。

幸运的是，我们可以通过消费者调查来收集钱包份额信息。此外，研究者开发出了一系列健全的系统用来校准、验证以调查为基础的份额测量方式。

因为钱包分配法则的内容就是如何扩大钱包份额，经理们需要对客户分配给自家品牌的钱包份额进行监管，这一点十分重要。清楚客户分配给品牌竞争对手的钱包份额（可以通过钱包分配法则轻松确定）也很重要。

因为钱包份额是一个可以直接转变为金额的指标，弄清流入竞争对手口袋的客户支出势在必行。经理只需按照下述步骤便可实现这一目标（见图 5—2）：

（1）将客户带给某品牌的总销售收入除以客户分配给该品牌的钱包份额均值便可得到客户在该类别所有品牌（该公司与竞争对手）上的消费总额。

A　客户带给某品牌的总收入	$6 000			
B　客户分配给该品牌的钱包份额均值	÷25%			
A/B 客户该类别所有品牌的总收入	$24 000			
	竞争对手			
	品牌 A	品牌 B	品牌 C	该品牌
C　客户分配给竞争品牌的钱包份额均值	10%	20%	45%	25%
D　客户带给该类别所有品牌的总收入	×24 000	×24 000	×24 000	×24 000
C×D 客户分配带给竞争对手的平均支出	$2 400	$4 800	$10 800	$6 000

图 5—2　确定流入了竞争对手口袋的客户支出

(2) 用客户在该类别上的总支出乘以客户分配给所使用的全部品牌的钱包份额均值，即可得到客户在每个竞争品牌上消费的金额。

有了这条信息，经理就能真正了解客户支出的流向。更为重要的是，他们可以借此抓住一些收回竞争对手份额的重要机会。

与客户满意度结合

尽管客户满意度的绝对值与钱包份额并不挂钩，但满意度本身却并非不重要。显然，如果所有客户都对某家公司不甚满意，那么它离关门大吉也就不远了。

相反，钱包分配法则表明，一旦置身于竞争的大环境下，客户满意度就变得最为重要。就钱包分配法则而言，重要的是满意度的相对“排名”。

满意度信息连同其他指标可以提供重要的战略规划。其中两个最为重要的指标是：（1）满意度与市场份额之间的关系；（2）满意度与成为客户首选（即客户最为喜爱的品牌）之间的关系。

为了帮助经理们快速洞察市场的竞争本质，我们与哈佛商学院教授苏尼尔·古普塔一道开发了一些战略矩阵。接下来我们将讨论如何利用某个信息来指导公司制定与客户相关的战略。

满意度与市场份额

将满意度与市场份额信息结合到一起，经理便可获得针对品牌及竞争市场本质的重要见解。记住，在许多行业中，客户满意度与市场份额间均呈现出负相关。如果无法很好地理解你所在行业内关系的本质以及相对于竞争对手贵公司所处的位置，就很难在追逐市场份额的过程中有效管理客户体验。

首先要从客户对贵公司满意度水平的分析、竞争对手的客户对这些竞争公司的满意度水平以及贵公司与竞争对手所占的市场份额（见图 5—3）入手。如果出现市场份额高但客户满意度低这种现象的公司不止一家，那么最有可能在该行业中出现客户满意度与市场份额间的负相关。

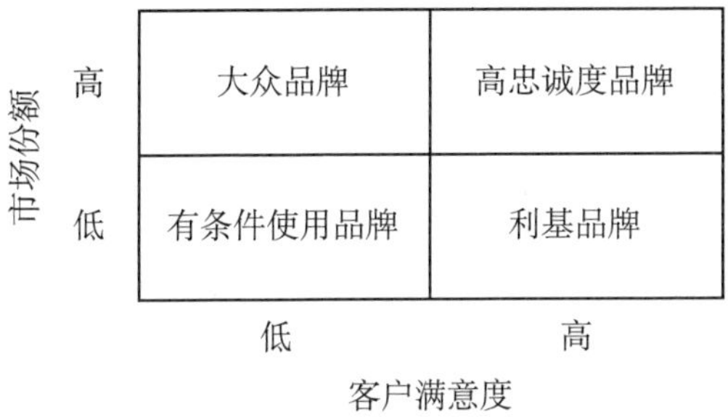

图 5—3 客户满意度与市场份额

市场份额高但满意度低的公司就是我们所说的大众品牌。这些公司客户群广泛且需求各不相同，公司可以在很大程度上满足这些需求。但是，它们无法精确地满足所有甚至是多数客户的需求。因此，它们在一些核心利益，如价格、便捷度或产品分类上必须足够强大，这样才能让客户相信，为了获得这些核心利益而牺牲其他预期收益十分值得。现已证实，该战略在许多类别中均非常成功，这就是为何大众品牌往往最为知名，例如，麦当劳、沃尔玛以及微软的 Windows。

因为大众品牌将关注重点放在了广泛受众的一般需要上，它们往往会发现自己正在与一些能更好地满足特定客户阶层需求的对手竞争，这些公司规模更小，更加专业。这些利基品牌竞争对手必须获得更高的满意度才能生存下去。但是因为利基品牌只将一小部分客户设定为目标客户，它们的市场份额便相对较低。例如，像“五汉”汉堡（Five Guys Burgers and Fries）这类快餐汉堡包店等利基品牌的满意度比三家汉堡包连锁业巨头（麦当劳、汉堡王和温迪汉堡）都要高，因为它几乎只专注于制作汉堡和薯条。显然，这一战略对“五汉”汉堡来说是成功的，但是其有限的菜单也使得这家链锁企业几乎无法成为市场份额的领导者。

在某些类别中会出现一些客户满意度和市场份额均较高的品牌，我们称之为高忠诚度品牌。例如，在互联网搜索行业中，谷歌收获的客户满意度评分一直高于其竞争对手。与此同时，它占据了美国近 2/3 的搜索市场。然而，高忠诚度品牌与大众品牌极其相似，因为它们都会面临来自利基品牌的竞争。

这些品牌究竟是如何避免了像大众品牌那般遭遇客户满意度较差的厄运的？耐人寻味的是，我们注意到高忠诚度品牌往往出现在科技领域这个充满活力的市场中。高度的竞争再加上快速的变化与不断改进的产品供应意味着这些市场一直处于变动之中。因此，客户尚未对公司提供的产品形成习惯。但这却是一把双刃剑。因为一旦市场处于高通量的状态，赢家便有可能迅速失去有利地位——正如黑莓等公司所经历的那样。

尽管有些品牌的满意度与市场份额均相对较低，它们却依旧能在竞争中胜出。我们将这些品牌称做有条件使用品牌。它们之所以能够获得成功，要么是因为缺少了它们，消费者该类别的购物篮就不够完整，要么是因为一些市场壁垒导致消费者很难买到自己的首选品牌。例如，在很大程度上，便捷的位置是许多零售商和餐馆的竞争优势。

鉴于满意度与市场份额矩阵中的每个象限都代表了一种可行的商业战略，仅仅比较某一类别各品牌的满意度均值无法提供真正有益的见解。尤其是，如果份额较大的品牌在满意度上低于份额较小的品牌时，经理将如何比较自己与竞争对手的业绩？根据我们自己的经验，一些世界最大品牌的经理常常以该类别中满意度最高的品牌为基准来衡量自己的业绩，虽然这些公司所占的份额往往要小很多。此外，仅仅因为竞争对手获得了某个满意度得分，高管便总会将这类满意度级别设定为自家公司可以实现的目标。

顾问们往往会在这条路上走得更远。没有哪位经理没在自己的职业生涯中聆听过管理大师的指导。大师们总会说，他们的品牌更应该像一些伟大——但是利基——的品牌，如哈雷-戴维森、迪士尼、太阳马戏团等。他们最基本的理由是，客户的期望不仅由直接竞争对手的表现所决定，而且也由与客户有业务关系的全部公司所建立。尽管这个论点也许存在些许可信度，但是多数情况下，它与管理毫不相干。学习其他公司的经验固然有益，但在利基对手表现的基础上设定满意度目标不仅不现实，而且是个糟糕的商业决定。

那么，如何在满意度这一问题上，对拥有 40％市场份额的品牌 A 与市场份额只有 10％的品牌 B 进行比较呢？一条简单的经验法则就是，比较两个品牌占市场份额数量相当时的客户满意度。在此例中，品牌 A 将选取消费额占其收入 25%的顶级客户(如果这些是公司全部的客户，那么它的市场份额也将只有10%)，然后将他们的满意度与品牌 B 进行比较（见图 5—4）。如果两者具有可比性，那么品牌 A 便表现不俗。然而，如果品牌 A 的数值明显低于品牌 B，它的经理就需要评估并设法降低这些客户转而购买竞争对手产品的风险。

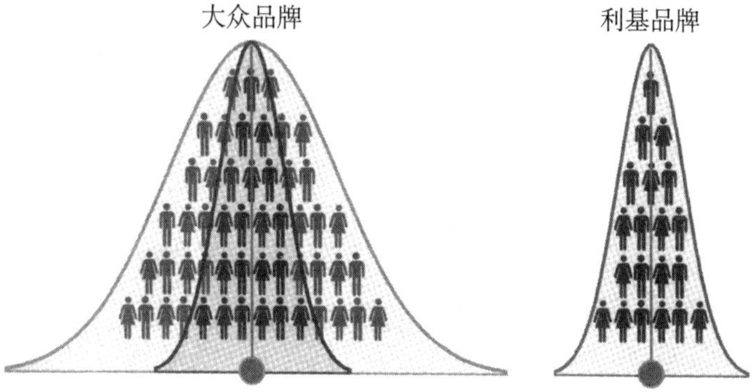

图 5—4　大众品牌与利基品牌的对比

一条简单的经验法则就是，比较两个品牌占市场份额数量相当时的客户满意度。

满意度与首选

管理层之所以如此重视客户满意度，最主要的原因是他们相信这是一种竞争优势。在某种程度上，经理期望高满意度能使客户偏爱某一品牌而非其竞争替代品。

显然，这不无道理。然而，如同管理学所有的陈词滥调一样，问题的关键在于细节。在许多类别中，极有可能出现某一品牌满意度或净推荐值很高，但却无法成为客户无可争辩的首选品牌的情况。而在另一种情况下，一个品牌可以成为客户唯一的首选，但其满意度却相对较低。因此，经理不得不面对一个真正的问题——怎样的分值才算好？

在某种程度上，问题在于，人们对满意度（及净推荐值）与客户购买行为之间的关联方式存在普遍的误解。分数的绝对值本身几乎毫无意义。重要的是，贵品牌的客户评分能否超过竞争品牌。客户将钱包份额中最大的那一部分给了他的首选品牌。因此，了解如何将品牌满意度转化为像客户首选这类排名至关重要。

如图 5—5 所示的满意度与首选矩阵，客户的满意度水平及其对应的首选品牌，可归为四个类别。

唯一首选 \ 客户满意度	低	高
高	低服务类品牌	明星品牌
低	有条件使用品牌	均势品牌

图 5—5 客户满意度与首选品牌

如果客户既对贵品牌满意，对它的喜爱之情又胜过其他品牌，那么贵品牌就是该类别中的明星品牌。此时的策略很简单——继续取悦这些客户。

出现在另一象限的则是满意度低但却受客户青睐的首选品牌。这种环境会产生我们之前讨论过的有条件使用品牌。该类品牌应采取的策略是设法建立市场壁垒，使消费者难以买到其首选品牌或是继续提供特殊商品。对竞争对手而言，这类商品难以生产或者无利可图。

对那些满意度较高但首选度较低的客户而言，高满意度水平掩盖了他们对品牌的真实感受。经理们常常夸耀说客户对品牌极其满意，但现实却是，该品牌不过是客户所使用的若干品牌当中的一个，而且他们认为这些品牌旗鼓相当。这就是我们将这类品牌称作均势品牌的原因。尽管势均力敌听起来似乎没什么大不了，但是商场不应存在并列的金牌得主，否则你就将与自己最强劲的对手平分客户的支出份额。对于这些品牌而言，其战略必须是提高与核心竞争对手的区分度——换句话说，你必须给客户一个理由去相信贵品牌出类拔萃、远胜对手。

还有一些品牌尽管满意度低但却仍然是客户的首选。这些低服务类品牌之所以能在竞争中获得成功，要么是因为该类别中的竞争对手不多，要么是品牌间的竞争在很大程度上以价格为主导。只要能够建立其针对竞争对手的市场壁垒或者继续维持大幅度的价格领先优势，这些品牌便可获得成功。然而，这种地位本质上难以维系。在这个信息开放、入市渠道广泛、价格对比简单的时代，成本领先战略的代价往往是难以获得良好的财务回报。

因此，市场竞争往往会给公司施加压力，使其提高满意度水平以便保住首选品牌的地位。

两个关键问题

有了钱包分配法则，经理便可轻松地在客户满意度与钱包份额间建立起关键联系。具体而言，钱包分配法则将满意度的相对排名与类别支出份额间紧密联系了起来。

当然，将排名与钱包份额挂钩的能力并不能立即转化为可以提高排名进而扩大钱包份额的清晰战略。你需要了解排名的关键动因以及使客户难以买到首选品牌的结构性市场壁垒。接下来我们将讨论阻碍钱包分配法则为你所用的这两个关键问题。

关键动因

在使用钱包分配法则时，“我该朝着哪一方面努力”是经理备感困惑的最重要的问题。因为潜在的改善机会很多，他们需要能在这些机会可以获得的潜在财务回报的基础上确定它们的优先顺序。

在能够影响客户满意度（或净推荐值）的最重要的问题上，

经理往往有赖于关键动因分析提供的指导。传统动因分析审视的是带有服务体验特定属性的客户满意度与其总体满意度之间的关系。

然而，传统的满意度分析无法与钱包分配法则配合使用。根据钱包分配法则，满意度的测量并非在真空中进行。此时重要的是相对于竞争对手，品牌满意度的相对排名。具体而言，只有获得了客户为他们使用的全部品牌所做的总体满意度评分才能建立起恰当的测量环境。

因此，若想了解排名的动因，就必须确定在竞争中的服务体验的属性。这大大偏离了传统的动因测量方法。

实现这一目标的最全面的办法是请所有受访者就所有属性对其使用的全部品牌进行评分，然后将属性评分转换为排名，就如同我们在处理总体满意度时做的那样。遗憾的是，就客户使用的所有品牌提出一系列完整的问题有时是不切实际的。

如果遇到这种情况，经理依旧可以通过向客户提供一份选项清单而非请他们为所有属性评分的方式将这些属性放入一个相对的框架（见图 5—6）。此时需要用到表格，将客户使用的每个品牌各自设为一列，每项驱动属性则定为一行。其目的就是让受访者选出在该属性上表现最为抢眼的品牌。

尽管这种方法无法提供一组可与总体排名相比较的动因属性的排名数据，但是它与争创第一的理念相一致。请记住，客户将最大的钱包份额分给了占据第一位的那个品牌。

	所使用的品牌				
	品牌1	品牌2	品牌3	其他	无
驱动属性1	□	□	□	□	□
驱动属性2	□	□	□	□	□
驱动属性3	□	□	□	□	□
驱动属性4	□	□	□	□	□
⋮					

图 5—6 最佳份额表格

想想你目前正在使用的各个品牌，你认为哪个品牌在以下几个方面表现最为出色？（请勾选出所有适用的选项。）

如果满意度动因与排名动因均指向了相同的改进机会，就没有必要对两者进行区分。然而，事实绝非如此。本书的合著者亚历山大·博耶所进行的分析清楚地表明了这两类动因间的鲜明差异。

一则简单的回归分析显示，对于杂货零售商而言，满意度最重要的动因是产品范围（客户服务紧随其后）。当然，这完全合乎情理。销售客户想要购买的产品是所有零售商，尤其是那些销售食品杂货等消费者会定期购买的日常必需品的零售商存在的理由。如果询问客户他在特定商店购买商品的理由，他可能会回答说，因为店里有他想要的产品。这个答案绝对司空见惯。此外，提供友好的客户服务几乎总是提高满意度评分的好办法，良好的客户服务能产生积极的情绪。但是请你认真思考一下，产品范围和客户服务是人们决定去某家特定杂货店购物的主要理由吗？

如果有位客户告诉你某家商店最大的优点是位置便捷，你反倒可能会感到惊讶。然而，研究发现，钱包份额最重要的动因其实是地理位置的便捷程度（见图 5—7）。在比较商店时，更为优越的地理位置并不能将满意客户与不满意客户区分开来。事实上，它在之前得到的满意度动因列表中排名垫底！但是它却能在很大程度上决定客户前往购物的频率。

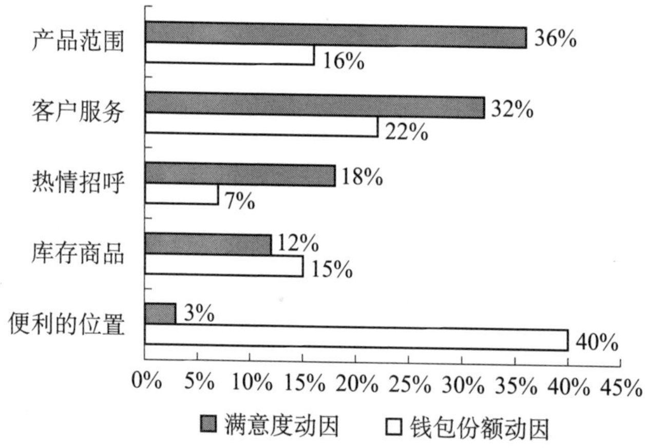

图 5—7 满意度动因与钱包份额动因的比较

一项独立分析在主要零售业态的基础上对零售商进行了归类（超市、生鲜店、量贩店、仓储式超市、精选店），并对上述问题进行了阐释（见图 5—8）。

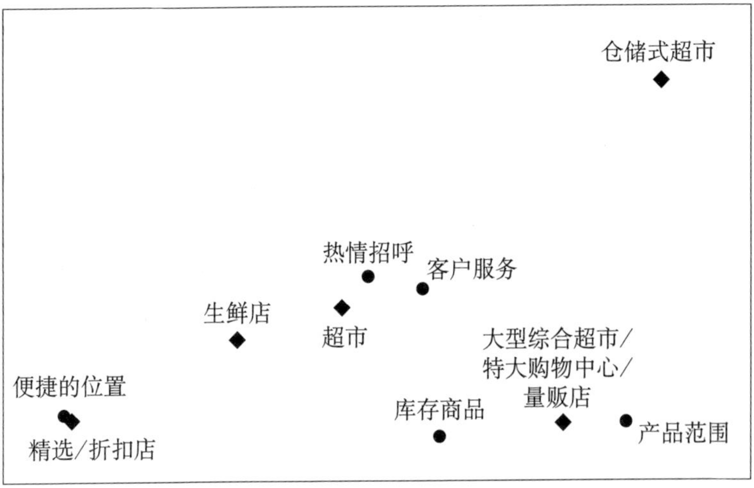

图 5—8 不同类型杂货零售商钱包份额动因的感知图

通过对客户所使用品牌的观察会发现，满意度动因实际上构成了竞争定位的基础。在某一方面表现得“更加优异”并不够，还要清楚如何在将自己的优势最大化的同时削弱竞争对手的相对优势。传统超市（如克罗格和西夫韦）与生鲜店（如全食超市）通常以更好的客户服务与笑脸相迎的商店为特色，而精选店（如阿尔迪）一般都拥有地理位置优越（及价格实惠）的优势。大型综合超市/特大购物中心（如沃尔玛）则以其产品范围取胜——它的产品范围没有局限于具体的食品杂货类别，而是跨越了多个零售类别。沃尔玛会在客户购买其他商品的同时抓住他们的杂货支出份额，虽然他们原本未必是来此采购食品杂货的。

因此，在与其他超市竞争时，传统的杂货店也许可以通过将重点放在双方均表现不俗的方面来赢回一些客户支出份额。但如果竞争对手换成了大型综合超市，需要解决的关键动因便截然不同了。若想了解份额的关键动因，就需要知道主要竞争对手究竟是谁，它们在客户间的满意度动因与钱包份额动因分别是什么。只看自身品牌的钱包分配分值是不够的。这并非什么新鲜的想法，只不过在有关管理客户体验的最新讨论中鲜有提及罢了，尤其是当这些讨论将重点落在提高单项数字上的时候。

市场壁垒

客户使用多个品牌的另一个常见原因就是扭曲了需求的结构性壁垒。换句话说，有一些市场力量会促使人们购买一些并非自己首选品牌的东西。这些市场壁垒会极大地影响客户将更大的业务份额贡献给首选品牌的意愿与能力。

亚历山大在对杂货零售商的研究中发现了两个显著的结构性壁垒，分别影响着不同类型的店铺（见图 5—9）。

大型综合超市与批发俱乐部/仓储式超市的占地面积巨大，因此它们几乎无法与地理位置便利的小型商店竞争。店铺地址或位置远不是唯一的问题，客户认为，在这类商店中购物往往极其“耗时”，从一家摆放了“更多商品”的大型商店的入口走到出口需要花费更多的时间，这不过是个物理事实。同时，受访者也表

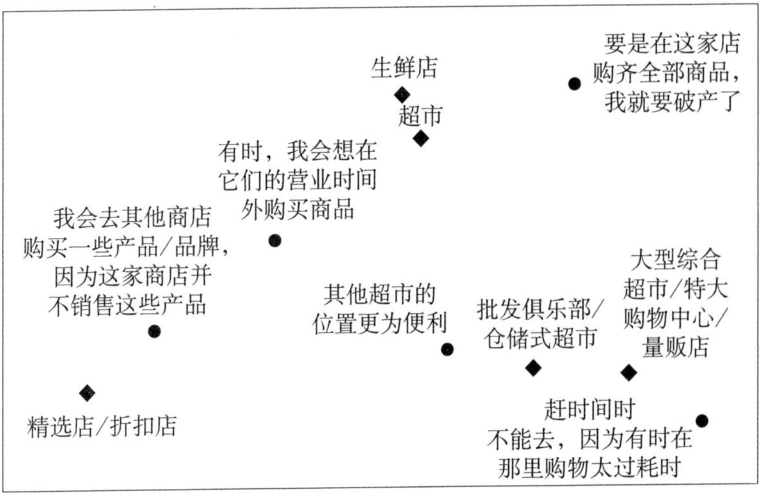

图 5—9　能够反映阻碍客户前往不同杂货零售商处购物的市场壁垒的感知图

示，出于成本的考虑，他们不会在超市与生鲜店中购齐“所有”商品。尽管通过更为聪明的创新或是具有针对性的定价策略，这些方面还有改进的余地，但这些是不同的商家需要准备好直面的现实。

这些壁垒往往能反映出分销渠道对客户选择产生的限制力。例如，麦当劳、汉堡王和温迪汉堡会与可口可乐或百事可乐签署独家经销合同以销售它们的产品——目前，美国境内的三家公司所销售的均为可口可乐的产品。结果，在这些餐馆就餐的百事可乐的忠诚客户如果想喝碳酸饮料就只能被迫选择可口可乐，否则便只能什么都不喝。

最常见的市场壁垒是客户的可负担能力。尽管相对价格可以成为客户是否决定更加频繁地使用某品牌的关键动因，但绝对价格也同样会将许多首选品牌完全排除在外。这么说吧，如果金钱不是问题，我们多半不会购买现在的这辆汽车。

另一个常见的壁垒是最终的购买决策反映了多人的需求。换句话说，我们需要平衡自己与他人的需求——因此，我们不会购买那些完全由自己做决定时会选择的品牌。

共同决策在家庭购买决策中极其普遍，甚至已经成了一则老生常谈的婚礼笑话：

> 一个男人在结婚75周年纪念日那天接受了采访。“75年，真令人难以置信，”记者夸张地赞叹道，“婚姻幸福长久的秘诀是什么呢?”“是这样的，”丈夫回答道，“男人负责做所有重大的决定……而小决策则由女人来决定。”“这真的有效吗?”记者有些吃惊。“当然了。”男人自豪地说。“75年来，从未出现过需要作出重大决定的时刻。”

这则小故事显然只是为了博人一笑，但是我们所有人都曾在某一刻做出过妥协，为了满足他人的需要或欲望而放弃了自己真正想要的东西。要想克服这一壁垒，品牌就必须具备吸引多个决策者的能力，这就要求经理能够真正了解，当最终由多人决定时消费者的品牌选择方式。

市场壁垒是经理无法忽视的一个因素。对他们而言，残酷的现实就是，改善客户的品牌体验对钱包份额的影响微乎其微，除非阻碍他们购买品牌的壁垒不复存在。应对市场壁垒往往是最为困难的任务。

新游戏规则

钱包分配法则改变了游戏的规则。然而，这绝对是一个有思想的人参与的游戏。尽管游戏规则使得我们有可能在客户的品牌感知与他们分配给贵品牌的支出份额间建立起联系，若想获得成功，还需要对那些业已证明与客户购买行为相关的指标进行测量、评估并按照指标的指示采取行动。

钱包分配法则得以建立的基本事实便是，客户做出的所有购买决策都基于品牌与竞争对手的比较。因此，经理用于衡量和管理购买体验的所有与客户相关的测量标准都必须能够反映市场的竞争性。

从这个角度观察市场便可清楚地发现，没有任何单一的客户测量标准能够对公司提供指导。经理需要一组完整的指标与战略框架来帮助他们做出评估，为他们在品牌所处的不断变化的竞争格局中指引方向。

本书提出的指标能帮助你认清并利用真正可以提高客户类别支出份额的机会。经理肩上的担子不会因此得以减轻，在如何利用这些机会的问题上，依旧需要做出艰难的抉择，但是这些指标可以帮助经理做出明智的决定——真正能够影响增长的决定！

第六章

坚持两大规则就能美梦成真

THE WALLET ALLOCATION RULE
Winning the Battle for Share

古希腊哲学家赫拉克利特有句名言："万物在变，唯有变化不变。"对此，我们想加以补充："然而，不幸的是，没有人愿意做出改变。"

公司只有依靠改变才能生存下去。尽管如此，组织变革仍然常常遭遇阻力。

因此，变化之所以会产生，往往是因为当前形势的阵痛已让人难以忍受。对许多公司而言，首席执行官所制定的目标与首席营销官可交付的成果及广义营销之间的差距已造成了极度的痛苦。

首席营销官惨淡的职业寿命预期在很大程度上体现了这一点。虽然咨询公司斯宾塞·斯图亚特（Spencer Stuart）曾报告说，首席营销官的任期已从 2006 年平均 23.2 个月的低点稳步增至 45 个月，但是这一数字仍然大大低于典型的首席执行官任期的一半。在某些行业中，首席营销官的任期甚至更短——汽车、通信、医疗保健及餐饮业的首席营销官往往在自己的岗位上撑不过 32 个月。

首席营销官若想要做得风生水起，就必须在营销方面与首席执行官的目标保持一致。首要目标很明确：首席执行官痴迷于企业的发展。

令人欣慰的是，首席执行官认识到，只有与客户建立起牢固的关系才能实现可持续增长。因为营销需要了解客户的需求与需要，首席营销官应该处于指导公司制定增长战略的有利地位。

令人郁闷的则是，首席营销官未能证明他们的努力可对客户给予该品牌的类别支出份额产生实质影响。因此，他们往往无法给出营销投资的正收益。

平心而论，首席营销官完全可以辩解说，没有人能够做到这一点。能够轻松地将客户对其使用品牌的看法与实际消费分配方式紧密联系在一起的系统并不存在。

因此，尽管首席执行官们可以感叹公司当前的营销状态，但是隔岸的风景未必就更好。新聘请的首席营销官也许与其前任的运营状态半斤八两。

当然，这是钱包分配法则发现之前的状况。通过这一法则，首席营销官就能准确了解客户划分其支出的方式。更为重要的是，他们将明白怎样才能增加客户的支出！

但是这一切并非依靠坐等便可实现。我们需要一个系统的方法来为钱包分配法则制定一项指导方针，以推动旨在扩大份额的战略决定。

我们在书中展示了钱包分配法则，并凸显了可在公司中使用该法则的工具。我们不会在本书的最后像啦啦队员那般高喊“去吧，去赢得战斗的胜利”，相反，我们想强调一个极其重要的事实：没有适当的执行力，再好的想法也可能遭遇滑铁卢。钱包分配法则也不例外。

接下来，我们会提出正确执行钱包分配法则时必须遵守的两项最基本的规则。事实上，很多读者可能会认为它们不值得一提。遗憾的是，这也许正是它们常常被人遗忘的原因——灾难性的后果常常由此引发。

规则 1：确保数据的正确性

俗话说：“没消息也好过坏消息。”这里可以套用：“没数据也强过坏数据！”坏数据会使公司损失 10%～25%的营业收入。从总数上来说，这些错误给经济带来的损失很容易就能达到数亿美元，有一些甚至会超过每年 3 万亿美元！

如果坏数据是一种疾病，那么它将是铺天盖地般的瘟疫。显然，没有人想要坏数据。因此，多数公司制定了旨在将坏数据最小化的各种程序。即便如此，这个问题依旧泛滥，这也显示出确保数据质量是多么困难。因此，经理们必须留心，一定要确保在利用钱包分配法则进行分析时使用的是高质量的数据。

由此便产生了一个问题：对于钱包分配法则而言，究竟怎样的数据是“坏”数据?

尽管“坏”数据的种类有很多，但是下列四类最常见的问题会对钱包分配法则产生影响：

1. 输入数值错误（赋值错误）

2. 测量对象错误（样本选择糟糕）

3. 测量品牌错误（忽视了竞争对手）

4. 测量内容错误（模型误设）

输入数值错误

输入数值错误主要是质量监控方面的问题。这是可能发生的最基本的错误，而且随时会发生。

尽管钱包分配法则很容易理解，但是分析所需的基础数据比所有标准满意度或净推荐值研究所需的数据更为复杂。它需要你跟踪客户在该类别中使用的全部品牌的满意度。客户使用的品牌不尽相同，这意味着要收集不同品牌的满意度信息。

随后，满意度数据必须转换为排名（即客户满意度最高的品牌赋值为 1，排名次之的赋值为 2，以此类推）。此外，如果品牌满意度水平相同，排名即相当于它们在没有打平的状态下所应占有的排名的均值（例如，并列第一的两个品牌的排名均为 1.5（取排名 1 与 2 的均值，下一个排名由 3 开始））。

虽然这在概念上极其简单，但是如果没有一个良好的体系来实现这种转化，就很容易出现错误，进而导致错误的答案。

测量对象错误

钱包分配法则的目的是将品牌放入市场进行观察。换句话说，是了解相对于竞争对手，客户如何看待某品牌。

因此，经理们需要确保自己选择了正确的人群进行信息采集。请注意，从调查对象的角度来说，“正确”具有多重含义，这一点十分重要。例如，经理们可能希望针对特定阶层的客户（如利润潜力高的重度消费者等）进行调查。但是，在本讨论中，我们指的是从具有代表性的客户那里收集信息。

经理首先需要决定的就是，究竟是该选取具有市场代表性的样本（即以某类别中的所有客户为样本，而不仅仅是公司客户），还是客户样本（即仅以公司客户为样本）。两种样本都行得通，各有利弊。

通过市场样本，经理们可以洞察整个类别的动态而不仅仅是公司客户。同样，他们也能以自家品牌及竞争对手的市场份额为基准来校准自己的指标。

既然这样，为什么还会有经理选择使用客户样本呢？一句话，成本使然。利用钱包分配法则进行分析需要收集有效的品牌客户样本信息。如果选用了具有市场代表性的样本，通常就需要从大量的人群那里收集信息。

让我们来看看这会是怎样一番情景。假设你需要500位客户的信息来完成针对某品牌的有效的钱包分配法则分析。如果该品牌占有了10%的市场份额，那么，从理论上来说，你需要收集多达5 000位客户（即500/0.10）的数据才能获得使用该品牌的那500位客户的信息。当然，实际所需人数几乎总会大大小于理论最大值，因为客户会同时使用多个品牌。但是，即便只需从理论最大值的半数客户那里收集信息来满足500人的要求，样本数依然高达2 500人，其中有2 000人根本不是公司客户！

此外，在进行具有市场代表性的样本调查时，每位受访者的成本几乎总会大大高于客户样本的受访者。这是因为公司几乎没有多少竞争对手客户的联系方式。因此，找到这些客户并让他们参与调查的成本就会十分高昂。

相比之下，客户样本的相关成本往往很小（如果公司曾收集过客户的电子邮箱则更是如此）。因为公司了解（或应该了解）自己的客户，它更容易识别并联系到有效的客户样本。

因此，经理需要决定是否值得为了获得具有市场代表性的样本的优势而增加调查成本，尤其是考虑到两者均适用于钱包分配法则。

测量品牌错误

多数经理都会将竞争对手纳入考虑范畴。事实上，关于谁才是他们心中“真正的”竞争对手这一问题，多数经理自有其想法。

当然，这种现象很自然——他们一直都在考虑自己的生意。但问题是，客户不会像经理那般来看待公司的竞争对手。因此，经理们会犯的一个最大错误就是忽视客户对品牌竞争对手的定义。

通常，经理们会不屑于收集某些品牌的信息，因为公司不会将它们视作自己的直接竞争对手。例如，一些传统的百货零售商在收集信息时喜欢将沃尔玛排除在外，因为沃尔玛是一家大卖场式的零售商，尽管它在美国百货销售市场上占据了极大份额是一个不争的事实。

在使用钱包分配法则时，如果忽略客户眼中的竞争对手则是一种极其糟糕的做法。使用钱包分配法则进行分析的经理通常都目的明确——了解客户如何在某一类别的各品牌间分配支出及其原因。决定将哪些竞争对手定为目标是管理层的工作。但是如果不清楚客户使用各品牌的原因，就无法确定何种方法才是提高客户在自己品牌上支出比例的最佳方法。

测量内容错误

到目前为止，经理们在应用钱包分配法则时所犯的最常见错误与可以扩大钱包份额的关键动因及市场壁垒有关（第五章曾就此进行了讨论）。在这里，多数问题均可归结为以下两类：（1）没有问到关键问题；（2）类似问题太多。

如果遗漏了某个重要问题，便无法在日后的分析中进行弥补。所有针对关键动因的分析都仅以其中所含的数据为基础。因此，若是未能在重要问题上收集到相关信息，经理便有可能看不到潜在的机会与威胁。

然而，这并不意味着经理们就需要提出一大堆问题。问题太多也会带来一些困扰：（1）使参与调查的客户备感疲倦（从而大大降低其答案的可靠性）；（2）很难梳理出真正有效的内容，因为很多问题往往与其他问题高度相关。

正确解决这一问题的方案就是更好地设计问卷。这就需要经理们真正了解那些能在客户决定是否使用各品牌时产生有效影响的产品及服务体验的方方面面。

遗憾的是，这些调查往往受到公司内部业务领域的限制，这些领域主要关心的还是了解现行的运行状态，或是获取与经理们自认为应该完成的事情相关的信息。有时，设计调查的目的仅仅是为了确认公司在内外公共关系上“表现十分出色”（我们称之为“微笑调查”）。

遗憾的是，以上方法都无法令经理真正洞察如何才能使客户将更多的业务分配给自己的品牌。这就要求经理真正去与客户交流、倾听他们的声音，以此发现他们使用各品牌的原因。

规则 2：设定正确的业绩标准

钱包分配法则最重要的结论之一便是，只有相对于竞争品牌，客户给予某品牌的相对排名提高，才能算作业绩得到了改善。换句话说，表现得更好并不够，你必须做得比竞争对手更加优秀。

有效实施钱包分配法则的一大问题便是，经理基本上不清楚（从成本与收益的角度来说）怎样才能真正在业绩上超越竞争对手。因此，公司很少能够发现并关注增长的最大机遇。

博斯公司的顾问法瓦罗、梅尔和夏尔马在其发表于《哈佛商业评论》上的有关营造有机增长的文章中提出了三个与钱包分配法则契合度较高且可用以估计潜在增长机会的变量。我们相信这些变量应成为所有公司的标准：

（1）增长空间：公司未能获得的客户数量与钱包份额减去公司不太可能获取的客户数量及钱包份额。

（2）品牌转换者：能被那些产品或服务更加优质的公司所吸引的客户。

（3）供需差距：能够促使客户更换品牌的利益与公司现阶段提供的利益之间的差距。

使用这种方法后，经理便能看到所有的机会。如果无法把握全局，他们往往就会选择投资回报高但实际利润少的保守的小机会。了解增长机会的大小有助于经理们将注意力放在潜力较高的提案上。

随后便应在能实现排名变化的满意度水平的基础上设定业绩标准，从而扩大客户分配给该品牌的开支。

然而，当前的现实却是业绩阈值几乎从未以提高品牌的相对竞争地位为基础。最常见的阈值往往都基于一些随意的目标。通常，设定某一特定目标水平的主要动机是确保门槛足够低，以便公司能够达到阈值，管理层能够拿到奖金。

当然，这种做法几乎永远也不可能有效改善相对于竞争对手而言客户对贵品牌的看法。要么对这种供需差距做出回应，要么就无动于衷。制胜的关键始终没有改变。分数高低并不重要——只要能够超过竞争对手就好。

下一次颠覆

钱包分配法则发现后不久，便荣获了颠覆性创新奖。尽管这项认可令人兴奋，但如果它无法有效改变我们衡量与管理客户对于品牌的感知方式，便毫无意义。

也许钱包分配法则最重要的贡献就在于，它要求经理从纸上谈兵的客户满意度和净推荐值调查转移到对品牌相对于竞争对手的全面审查上。所有经理都知道，客户会基于他们对竞争格局的看法做出选择。长久以来，我们一直忽视了存在于客户满意度和忠诚度测量、管理方式中的最基本的真相。因此，钱包分配法则以一种极为重要的方式证明了什么才是企业成功的基石。

钱包分配法则也有助于解决日益增长的对于财务问责制的需求。通过衡量各种增长机会可对客户分配给某品牌的开支产生的影响，经理可以衡量那些为改善客户体验所做的投资的财务成果。

最重要的是，钱包分配法则可以创造双赢的局面。客户能够获益，因为公司提供了他们真正需要的东西。而由于客户使用竞争对手的理由减少，公司显然会因为赢得了客户更大的支出份额而获益。

当然，这不过是利用钱包分配法则旧瓶装新酒罢了。最后引述彼得·德鲁克的话：“营销的目的是充分了解与理解客户，以便使产品或服务能更贴合他们的需求，从而自动销售出去。”

附录A

快速入门指南

WALLET
ALLOCATION RULE
Winning the Battle for Share

何为钱包分配法则?

从根本上来说，钱包分配法则规定，客户的钱包份额等于1减去该品牌相对于所使用的竞争公司/品牌排名的倒数。

如果所有客户均使用了某产品类别中的两家公司或品牌，这个简单的公式便足矣。然而，由于许多客户使用的未必是两种品牌，我们就必须根据产品的数量进行加权，这样才具有可比性。这个加权就是用2除以客户使用的品牌总数。

计算公式为：

$$钱包份额=\left(1-\frac{排名}{品牌数量+1}\right)\times\left(\frac{2}{品牌数量}\right)$$

式中，排名指的是相对于客户所使用的同类品牌，他赋予该品牌的相对位置；品牌数量指的是客户使用的该类产品所有品牌的总数。

若想利用钱包分配法则来预测钱包份额，必须遵循下列步骤：

1. 确定某类产品中客户使用的品牌数量。

2. 为测量各品牌的表现，请客户就总体满意度或忠诚度做出回答。

3. 请每位客户就各品牌的表现进行排序（例如，根据第 2 步所得的总体满意度或忠诚度，得分最高的品牌位列第一，得分次之的排名第二，以此类推）。

4. 根据客户给出排名及其使用的品牌数量来计算客户层面的钱包份额数值（即预计的客户钱包份额）。

5. 若想计算品牌层面的钱包份额数值，只需取该品牌所有客户的钱包份额均值即可。

钱包分配法则的影响极其深远。通过这个简单的公式，经理们可以很便捷地将客户指标与钱包份额紧密联系到一起。这些发现也表明，有必要找到新的方式来发现那些既能增强客户体验，又可提升钱包份额的机会。

一个简单的例子教会你使用钱包分配法则公式

千万不要被数学公式吓怕了。钱包分配法则用起来很简单。

图 A—1 列出了约翰、简、玛丽以及汤姆这四位客户对自己使用的 3 家金融机构的满意度得分（1 分为完全不满意，10 分是完全满意）。

	X品牌	Y品牌	Z品牌
约翰	8	9	10
简	7	没用过	9
玛丽	6	9	8
汤姆	7	9	9

图 A—1　客户对 X，Y，Z 品牌的满意程度

图 A—2 则是根据约翰、简、玛丽和汤姆所做的满意度评分得到的 3 家金融机构的排名。如果得分相同，如汤姆为品牌 Y 和 Z 打出了相同的分数，那么就将两个品牌在分数不相同的情况下会占据的两个名次的均值作为它们的排名得分。例如，如果两个品牌并列第二，那么如果在不并列的情况下，它们应分占第二位与第三位，均值即是 2.5。

未使用的品牌不必参与排名，对于简来说，品牌 Y 就是这种情况。

	X品牌	Y品牌	Z品牌
约翰	3	2	1
简	2	—	1
玛丽	3	1	2
汤姆	3	1.5	1.5

图 A—2 X，Y，Z 品牌的相对满意度排名

要想获得某位特定客户某品牌的钱包份额，则需将该品牌的排名与客户使用的品牌数量代入公式。例如，图 A—3 就展示了对品牌 Z 而言，约翰的钱包份额的计算过程。

	X品牌	Y品牌	Z品牌
约翰	3	2	1

$$\text{Z 品牌的钱包份额} = \left(1-\frac{\text{排名}}{\text{品牌数量}+1}\right)\times\left(\frac{2}{\text{品牌数量}}\right)$$

$$=\left(1-\frac{1}{3+1}\right)\times\left(\frac{2}{3}\right)$$

$$=(1-0.25)\times 0.667$$

$$=50\%$$

	X品牌	Y品牌	Z品牌
约翰	16.7%	33.3%	50.0%
简	33.3%	0	66.7%
玛丽	16.7%	50.0%	33.3%
汤姆	16.7%	41.7%	41.7%

图 A—3　品牌层面的钱包占有率

钱包分配法则战略

钱包分配法则具有重要的战略意义。首先，若是不考虑竞争，经理便无法对公司做出评价。尽管这一点似乎显而易见，但事实上，很多经理仅仅根据客户对公司的感知来评价公司。这样一来，用以评估经理业绩、向其支付报酬的公司目标便从未以企业在竞争中不断变化的排名为基础。相反，实现某一特定的分数则被当成了企业的目标。

然而，真正重要的是企业的排名！经理们都知道，第一名永远胜过第二名。钱包分配法则能让经理很容易地确定排名会对财务产生的影响。排名榜首与屈居第二的差别往往相当大，实现排名上的飞跃会带来巨大的财务影响。

钱包分配法则也清楚地显示，并列第一并不够。平局让人很有挫败感，你需要给客户一个更为青睐贵公司的理由，否则就得和那些与自己旗鼓相当的竞争对手平分客户的钱包份额。

然而，尽管排名至关重要，但它却不是唯一重要的东西。记住这一点很重要。客户使用的竞争品牌数量会显著影响钱包份额。在 3 个品牌中排名第一要远胜于在 6 个产品中排名第一。因为客户使用的每个品牌都会占去他的部分钱包份额。因此，使用的品牌越多，每个品牌所能分到的潜在份额就会越低。

这些战略问题在指导我们如何发现可以提高钱包份额的机会上具有现实意义。为了发现这类机会，传统的做法是找到“如何才能令你更加快乐”这个问题的答案。分析客户对开放性调查的回复也好，通过统计分析来推演显著性也罢，重点无一例外地落在了提高客户对公司/品牌现有产品或服务的满意度上。

然而，业绩与竞争公司的替代产品息息相关。提高满意度十分重要，因为在某种程度上，增加客户满意度会使该品牌相对于竞争对手来说更具吸引力。但这远远不够。经理们还需明白客户选择各品牌的原因。他们绝对有理由在某一类别中选择多个品牌。因此，如果在试图提高钱包份额时不对客户使用竞争产品的原因进行准确分析，为改善份额所做的努力便注定无法获得成功。

客户使用多个品牌的最常见的原因之一就是，他们觉得每个品牌都具有其独特的优点。例如，信用社与零售银行的经理往往会发现，客户会因为某家机构收取的费用更为低廉而选择它，但是，他们也会因为另一家机构可以提供更好的网上银行服务而使用它的服务。因此，对于以低廉的费用取胜的机构来说，进一步降低收费未必是增加存款额的最好方式，尽管低廉的费用是该机构客户满意度与忠诚度的最强动因。竞争另有起因。

客户使用多个品牌的另一个常见原因是会扭曲需求的结构性壁垒。换句话说，存在某种迫使人们在自己的首选品牌之外购买其他商品的市场力量，其中最常见的就是商品的稀缺性。一个品牌越难买到，被替代的可能性就越大。因此，除非消除了影响购买的壁垒，否则，对客户体验的改善几乎不会对品牌的钱包份额产生任何影响。

经理们可以把收集此类信息当做钱包分配法则调查过程中的一部分。这个过程未必有多复杂。它可以十分简单，例如，向客户提出下列问题即可：

> 在品牌间进行选择时，你会选择某一品牌而非另一个的决定性因素通常是什么？
>
> 当……时，我会选择［品牌 1］。
>
> 当……时，我会选择［品牌 2］。

在明白了客户为何会选择某一品牌与竞争品牌之后，你便会清楚，要想成为客户的首选品牌需要真正做些什么。因为钱包分配法则与钱包份额相关，经理们可以优先考虑那些会对未来收益产生潜在影响的提案。

发现能够提高钱包份额的机会

按照传统做法，经理们都很关注如何理解自己品牌的满意度动因。问题是，这类模型往往会忽视竞争，它们关注的是满意度绝对分值的变化，而非品牌在竞争中相对排名的变动。因此，尽管对这些模型中发现的动因加以改善便可提高满意度，但是此举对钱包份额的影响却微乎其微。

若想了解钱包份额变化的动因，经理们就要把注意力从满意度动因转移到排名动因上。正因如此，经理们才应与研究团队合作，开发出可以找到这些动因的统计模型。

在复杂的统计模型成型之前，经理便可开始利用钱包分配法则发掘机遇了。因为提高品牌排名意味着减少客户必须使用竞争产品的原因，这一点便是法则的核心。下面的 6 个步骤易于操作，经理们可以即刻投入使用：

1. 选取在统计上有效的客户样本进行调查。

2. 利用钱包分配法则计算客户使用的所有竞争对手的钱包份额。

3. 确定使用各竞争品牌的客户数目。

4. 计算自客户手中流向各竞争对手的营业收入。

5. 明确客户使用竞争产品的主要原因。

6. 对处理客户使用某竞争品牌的特定理由所需的成本及潜在经济回报进行估算并据此对各项解决方案进行排序。（别忘了，解决了覆盖多个竞争对手的问题之后会产生累积效应。）

信用合作社产业应用实例

在下面这则简化的示例中，我们给出了一些经理可以利用钱包分配法则来指导策略制定的相关信息。虽以信用合作社市场为例，但该方法也适用于客户倾向使用多个品牌的任何行业。

经理们首先需要确定自己品牌在客户心目中的地位，因为钱包分配法则以排名为基础，所以我们建议信用合作社经理密切关注将信用社作为唯一首选的客户所占的比例（见图 A—4）。

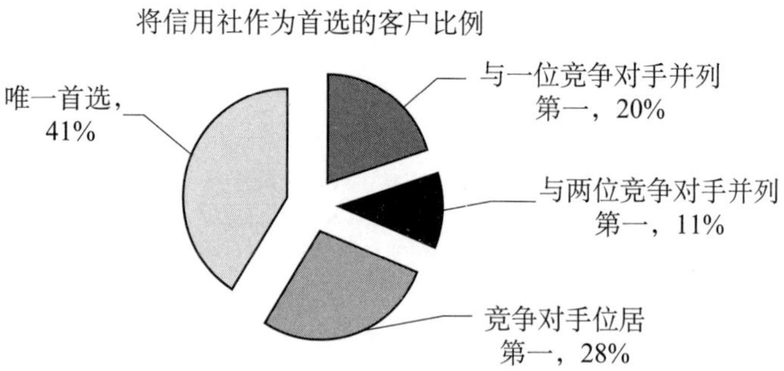

图 A—4 将该公司/品牌作为首选品牌的客户比例

钱包分配法则也需要客户使用的竞争品牌数据，这是计算份额时的一项关键内容（见图 A—5）。因此，经理需要了解客户以何种方式将钱存入了哪些机构。

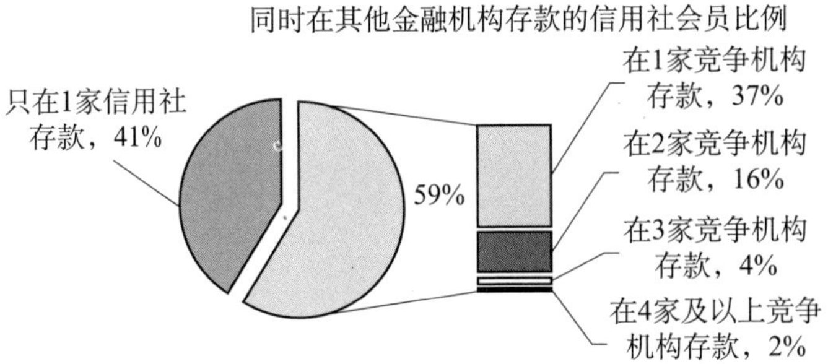

图 A—5　使用竞争产品的公司客户比例

随后，信用合作社经理便可利用这些信息来计算自己及竞争机构吸收到的存款所占的比重。了解钱包份额（在此例子中就是存款份额）的优势就在于，我们可以很容易地将其转化为金额。若想明确知晓哪家竞争机构的威胁与机会最大，经理就需要掌握客户分配给竞争对手的金额数量（见图 A—6）。

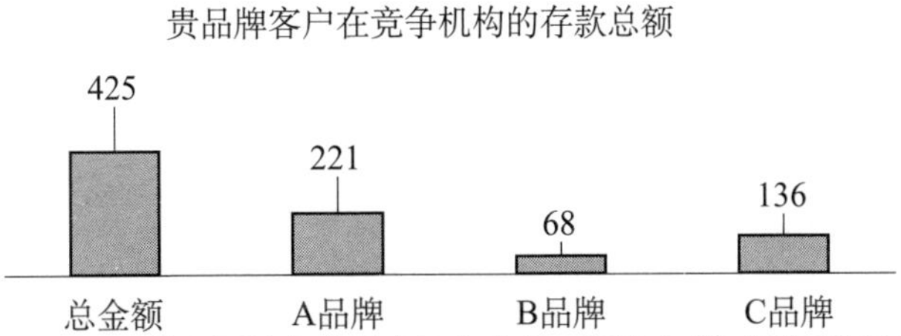

图 A—6　从贵品牌客户手中流向竞争对手的金额（百万美元）

下一步就是确定本信用社与竞争对手成为客户首选的动因（见图 A—7）。客户之所以选择各家机构都有自己合理的理由，若想赢回市场份额就要将客户使用竞争对手的理由降到最低。

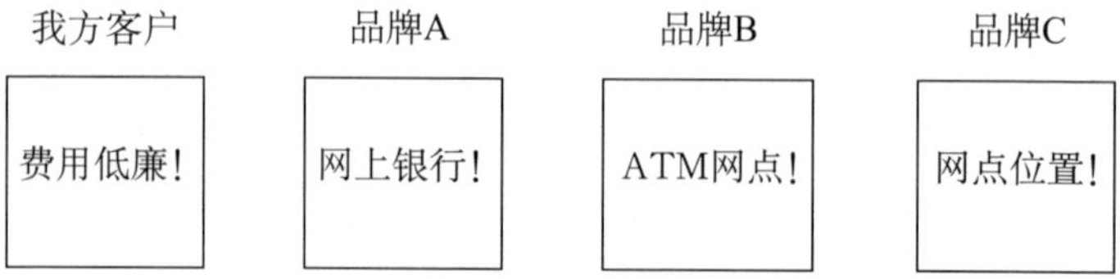

图 A—7　本公司客户使用竞争品牌的主要原因

在此例中，低廉的收费在很大程度上促使客户将信用合作社作为自己的首选。然而，竞争对手则从不同的覆盖面与其展开竞争：网上银行、ATM 以及网点的位置。通过这些不同的覆盖面来审视成为首选的动因，经理们便可确定短期内哪些竞争对手较易应付，而哪些则较为棘手。此例中，信用社很难在短期内与品牌 C 竞争，因为这需要解决自身网点位置不够便捷的问题。

明确了促使客户使用竞争品牌的缘由之后，经理们便可将重点放在成功率最大的短期机会上，在本例中便是网上银行或 ATM 网络。然而，品牌 A 在抓住客户存款份额这一方面表现得极为出色。因此，经理应首先考虑削弱品牌 A 竞争优势的可行性。

结　论

增长的关键是改善钱包份额。尽管多数经理本能地清楚这一点，但是一直以来的问题便是如何扩大钱包份额。现在，钱包分配法则使我们有可能清楚，坐上头把交椅究竟需要做些什么。

附录B

常见问题

THE WALLET ALLOCATION RULE
Winning the Battle for Share

何时适宜使用钱包分配法则?

钱包分配法则侧重于扩大品牌客户的钱包份额。因此，如果同时使用竞争品牌的客户所占比例较大，法则的相关度便最高。一般而言，若某类别中至少有40%的客户具有“多品牌忠诚度”（polygamous）（即同时使用多个品牌），那么便可将该类别视为适合使用钱包分配法则的品牌集市场（repertoire market）。一旦“超级多品牌忠诚”（hyperpolygamy）（即客户使用的品牌数目众多）的现象较为普遍，只要对单一品牌忠诚（monogamous）的客户数量更为庞大，也能进行计算。经验告诉我们，1.4是个不错的品牌数目最小均值。

至于定制市场（如特约服务）或忠诚于单一品牌的市场，钱包分配法则的一般概念则可应用到客户可能会考虑使用的各种品牌上。对品牌进行评估时，比较客户对目前所用品牌及竞争对手品牌的感知，这种做法可以提供评估所需的环境并成为品牌价值的衡量基础。若想测量特定功能、定价考虑等因素所产生的影响，则可在此类分析的基础上追加使用离散选择模型。

钱包分配法则能与所有满意度指标配合使用吗？

钱包分配法则能否与整体满意度（即消费者对公司或品牌的总体满意程度，也叫累积满意度或概要满意度）、特定交易满意度（如消费者对某次与公司或品牌具体接触的满意程度）或是两者一同配合使用？

一些满意度指标能提供客户与品牌关系的整体评价。最好将钱包分配法则应用到这些满意度上。之前的研究告诉我们，概要满意度在很大程度上是交易满意度的一个函数。然而，我们却无法轻松地以此对客户与品牌的关系加以测量，因为它需要同一客户在持续的时间段内给出多次反馈。因此，关系研究可为分析更为广泛的问题提供有效的办法。

然而，更为重要的是，客户在做出这些评价时正身处他们对所使用的其他品牌的感知之中。总体而言，在一项以单次交易为重点的调查中收集此类信息不太现实。相反，交易调查的目的是了解服务质量存在的问题，以便经理们迅速加以解决。此外，纠正质量控制问题固然重要，但它们多半不可能成为决定消费者购物目的地的客户体验的关键。

将钱包分配法则与特定交易调查结合使用的理想方式是，首先通过关系研究捕捉竞争性评估、（使用钱包分配法则）找到对客户决定其购物地点影响最大的客户体验因素，随后确保特定交易调查正在追踪这些指标和更具操作性的服务质量措施，这种做法是此类调查的特征。

是否应使用某种首选的测量方式来确定品牌排名？

钱包分配法则似乎能很好地与大部分最常用的指标（满意度，推荐意向，购买意向，净推荐值分类：推荐者、被动者、贬损者等）配合使用。然而，品牌排名必须在客户层面进行。

我们并不推荐那种明确要求客户对品牌进行排名的做法，因为如果这样做的话，即便客户不认为某些品牌之间存在太大差别，也往往会生硬地将它们排出高下。因此，我们需要的是一个允许平局存在的体系。利用常用的满意度与忠诚度评分即可让参与调查的客户轻松地给出相同的排名。

就评分本身而言，一些研究人员偏爱多维指标胜过单一指标，认为多维指标往往比单一指标更可靠、更有效、更具预测性。然而，在使用钱包分配法则时，多维指标可能会产生虚假的精确感。例如，也许有人会取使用 5 个 10 分制问题而非一个简单题目的简单平均数作为排名基础。如果受访者给予两个品牌的评分分别为 9—9—8—10—9 与 9—8—8—10—9，那么它们的平均得分则为 9 与 8.8。如果将这些分数转化为排名，得 9 分的品牌必将排在得 8.8 分的品牌之前，但是这 0.2 的分差究竟是否有意义？这个问题问得十分合理。在某些情况下，利用多项指标进行多轮计算既可防止过度差异化，又不会错过它所带来的益处。

然而，既然我们已经在研究与发展中证实，单一指标完全够用而且也能带来实际的好处（如问卷更短、受访者更不易感到疲劳等——请记住，受访者会被要求对其所使用的品牌集合中的所有品牌进行评分，因此多个问题将会被反复问到），我们通常建议将单一指标作为排名的依据。

至于评分等级，尽管 7～11 分的评分标准应该也能提供足够的区分度，但我们推荐的还是 10 分制。建议在利用多维指标进行多轮计算时，将得分离散到类似分值上。5 分制甚至 3 分制也适用于钱包分配法则，但受访者的评分差异度可能会不足，容易造成平局过多的现象。

如何确保排名表中没有漏掉任何一位竞争对手?

在某一期间内选用哪些竞争对手的产品是由客户自己决定

的。为避免对类别的定义过于狭窄，我们建议请受访者列出他们为满足某类别的正当需求而使用的所有品牌（如全部的杂货购物需求等）。一条经验法则就是，参与排名的品牌数量至少应涵盖受访者在相关时段内使用的品牌总数的90%。

与钱包分配法则相关的指标中哪一些必不可少？

与钱包分配法则相关，同时又能对管理产生影响的指标有很多，但我们认为，必须对其中的三项加以追踪：

(1) 首选百分比：(排除并列第一的情况下) 将某品牌列为首选品牌的客户所占的百分比。首选百分比是所有员工均能理解并支持的一种测量方式。更重要的是，它会对钱包份额产生强烈影响。这是必须在公司内部加以推广的测量方式。

(2) 使用品牌数量的均值：公司客户在该类别中所使用的公司或品牌数量。钱包分配法则也清楚地表明，客户在该类别中使用的品牌数量会对钱包份额产生强烈影响。因此，经理需要了解客户类别支出的分配方式及其流向。

(3) 钱包份额：客户分配给某品牌的钱包份额均值。可以说，钱包份额是客户对品牌忠诚度最重要的证明。

钱包分配法则为何能起作用?

客户在品牌上的消费金额是相对于所使用的其他竞争品牌，他赋予该品牌的排名的函数，这很直观。首选品牌理所当然地比次选品牌使用得更多，同时我们也能预计到，使用的品牌数量越多，某一排名可获得的钱包份额就越少。

然而，钱包分配法则的核心却超越了直觉——它是一种科学规律。根据齐波夫定律，某些事件的发生频率与其排名呈反比。来自物理及社会科学领域的多种研究数据，例如，公司的规模、互联网的使用、全球收入的分配以及语言中的词频等，均被证实与其排名成反比。研究人员证实，市场份额，甚至是钱包份额都遵循齐波夫定律。

钱包分配法则显然是齐波夫定律的一个范例，但是钱包分配法则的使用方式却与齐波夫分布截然不同，这通常与齐波夫定律有关。

齐波夫分布的使用在数学上极其复杂，既少不了密集的计算，又需要大量的数据。它需要找到一个能与正确的分布相匹配的指数值。具体来说，经理们必须将排名与钱包份额的相关数据输入数据库。然后对公式进行倒推计算，以便确定一个或多个适当的指数值。

钱包分配法则避免了齐波夫分布的复杂性，经理们只需知道排名与使用的品牌数量即可。

相对净推荐值有用吗?

很多公司追踪的是相对净推荐值。因为钱包分配法则以相对满意度（或净推荐值分类）为基础，使用相对净推荐值的经理就会问:“我真的需要做出改变吗?”如果你的目标是将净推荐值与钱包份额联系起来，那么答案很简单，绝对需要。首先需要注意的是，净推荐值属于公司层面而非客户层面的测量标准。因此，相对净推荐值往往就意味着，根据净推荐值水平的差异，目标公司的表现究竟优于还是劣于同类其他公司。

遗憾的是，如果你以提高钱包份额为目标，那么公司层面（聚合级）的指标用处就不大，客户层面的分析则必不可少。

事实上，当你获准对数据进行整合时，依旧需要遵循统计法则。一条简单的经验法则就是，如果正在追踪的变量与结果变量间关联性极弱，就永远无法整合数据。我们不会深入细致地解释个中原因，数据整合后得到的“均值”抹杀了极端值（想想那些处于均值以上与以下的人）。因此，你最终会陷入一个所谓的生态谬论——你误以为自己了解群组内的所有人。

因此，在整合数据前，必须首先使所选的测量方式（如满意度、推荐意向、净推荐值分类：推荐者、被动者或贬损者）在客户层面上能与钱包份额紧密相连。将测量方式转换为相对排名是最好的办法。尽管可以使用之前所列的任何指标来获得相对排名——从而与钱包份额挂钩——但却不能仅仅使用企业层面的指标（相对或绝对的）。这么做几乎总会使人们在客户类别支出份额的动因这一问题上得到错误答案。

钱包份额不就是一个有关品牌覆盖（即渗透率）的函数吗?

我们可以观察到一种名为双重危险的现象，即拥有最大客户群的品牌在这些消费者中也往往有更高的购买频率。当然，购买量越大就相当于占据的钱包份额越大。因此，这种观点认为，一旦品牌扩大（或缩小）了其覆盖范围，便能获得双重奖励（或蒙受双重损失）——客户数量增多（减少）且平均购买频率上升（下降）。因此，该模式的拥护者争辩说，不增加品牌渗透率就不可能扩大钱包份额。

毫无疑问，双重危险真实存在，而且渗透率对市场份额的增长来说至关重要。

然而，狄利克雷模型（用以描述双重危险的数学模型）是一种聚合（或品牌）模型，而我们已在书中说明，钱包份额是个体层面的测量标准。狄利克雷模型可以解释品牌之间钱包份额均值的差异，但却几乎对品牌客户之间的任何钱包份额差异无能为力。我们在研究中使用了多层级的建模程序来估算个人客户使用品牌的钱包份额的解释方差所占的百分比。简而言之，观察“品牌之间的关系”只能解释大约20%～30%的钱包份额差异。剩余70%～80%的差异发生在“品牌内部”。换句话说，品牌X的客户A，B与C之间的差异要远大于品牌X和品牌Y的客户间差异。钱包分配法则可以帮助你了解那70%～80%的差异，以及如何使用自下而上的方法提高品牌份额。

此外，我们的研究表明，即便是具体观察品牌水平，较之仅仅关注渗透率的模型，融入了相对满意度这一聚合指标（在我们的研究中就是首选百分比）的品牌层面模型可以解释更多的钱包份额均值方差。

双重危险无疑是真实的，而且事实上，它也许有助于我们了解可以利用钱包份额战略预期的增长限制。不过，我们也不想将关联性误认为因果关系。个人消费者无法单独依靠品牌知名度来决定各种品牌的用量。

The Wallet Allocation Rule: Winning the Battle for Share, by Timothy Keiningham, Lerzan Aksoy, Luke Williams, Alexander Buoye
ISBN: 9781119037316